「国境なき医師団」の僕が

世界一過酷な場所で見つけた命の次に大事なこと

国境なき医師団日本 事務局長
村田慎二郎

サンマーク出版

世界の紛争地。
避難する人たちは、着のみ着のまま逃れてくる。
ようやく逃れてきても、
家はない。学校もない。でも、命はある——。

世界一過酷な場所で、
生き抜いていく人々がいる。
限りある命こそ、一番大事だ。
でも――。

この本を読める環境にいる僕たちは、
「限りある命」をどのように使っているだろう？

迷い、あきらめ、周りに流され、
いたずらにそれを消費していないか？

一度しかない人生、
自分の限りある命を使って
どのように生きるのか？
どのように死ぬのか？
これから一緒に考えていこう。

プロローグ

世界一過酷な場所で見つけた「命の次に大事なこと」

国際人道援助の最前線で僕が見てきたこと

駅のエスカレーターで、だれに言われるわけでもなく一列に並ぶ人々。
日が沈んだあとも、明るい街を自由に歩く女子学生。
無数の食品がキレイに陳列されているスーパーやコンビニ。

日本に帰国するたびに、逆カルチャーショックを受ける。
「国境なき医師団」に参加して18年。
その間、国際人道援助の最前線で命の「もろさ」と「強さ」の両面を目撃してきた。

スーダン、イラク、シリア、イエメン――。

世界のさまざまな紛争地での活動を通して実感したのは、**限りある命こそがまず一番大切ということ。**これは、間違いない。

では、命の次に大事なことは？

健康？　家族？　成功？　お金？

どれも否定はしない。紛争地とは縁遠い、日本のような国に生まれ育った僕たちには、人生の選択肢がたくさんある。１００人いれば、１００通りの生き方がある。

だから、迷うのではないだろうか。

だからこそ、自分の未来をつくるための指針になるようなフィロソフィーが必要になってくる。

僕がこれまで世界の紛争地で出会った人たちには、生きる上で多くの制限があった。突然、命を奪われる現実があった。生きる上での尊厳を奪われる現実があった。

このあとの本文でお話しするが、アフリカのスーダン西部にある、ダルフール地方のある少年は「夢は外国人になること」と言う。また、中東のシリアで同僚だった医師は、SNSでイスラム原理主義者の批判をしたという、たったそれだけの理由で殺害された。

そんな世界の現実を目にすることで、**この限りある命をどのように使うかという「命の使い方」こそが、生きていく上で重要だと感じたのだ。**

ここで、僕の自己紹介も含みつつ、「命の使い方」についてより意識したきっかけをお伝えしたい。

「国境なき医師団」に所属していると言うと、医師だと思われることが多い。だが僕は医師ではない。海外派遣スタッフの半分は、非医療従事者。ここでは医師や看護師だけが働いているわけではないのだ。

そもそも国境なき医師団は、1971年に医師とジャーナリストが設立した、人道援助団体。「中立を守るためには沈黙を保たなければいけない」という、当時の赤十字国際委員会の方針に疑問を抱いた人たちが、フランスで設立した。

医療と証言活動の2つを軸にして**「独立・中立・公平」の活動原則の下、70を超え**

る国や地域で人道援助を展開している。

僕はもともとIT企業の営業マンだった。そんな僕が最初に担当したポジションは、サプライ・ロジスティシャン。

医師が100人いても、薬がないとなにもできない。援助活動に必要な医薬品などのすべての物資の調達と在庫管理を担当した。サプライチェーンの管理がしっかりしないと、すべてのプロジェクトが悪影響を受ける。きわめて大事な役割だった。

その後、プロジェクトのマネジメントを行うプロジェクト責任者になった。

チームの安全管理や現地当局との交渉がうまくいくかどうかも、紛争地では死活問題。営業マン時代にきたえられたコンテクスト（状況）を把握する力や、ネットワーキングのスキルが大いに役立った。

そして**国境なき医師団の歴史で日本人としてはじめて、派遣国のすべてのプロジェクトを指揮する現地の活動責任者に抜擢《ばってき》された。**

いまでは現場の経験を活《い》かし、事務局長として日本の事務局の運営を行っている。

そんな僕はいまから8年前、ある挫折を味わった。

You are our hope
～あなたたちは私たちの希望なんだ～

「これ以上やってもムダだ。もう辞めよう」

2015年、それまで10年間続けた人道援助の仕事を辞めて、別の仕事を探そうと僕は考えていた。

「第二次世界大戦後、最悪の人道危機」と呼ばれたシリア。僕は国境なき医師団の現地の活動責任者として、最激戦地のひとつである北西部のアレッポでの医療・人道援助を指揮していた。

そこでは「戦闘員」と、武力をもたない「一般市民」がまったく区別されていなかった。**学校や病院が、ロシアの支援を受けたシリア政府の砲撃やミサイル、そしてたる爆弾によって次々に攻撃されていたのだ。**

毎日ふくれ上がる、ぼうだいな医療のニーズ。

それに比べて、僕たちができることは大海の一滴のようなもの。

「すべての紛争の当事者は、国際人道法を遵守すべき。紛争下でも一般市民と医療は保護されなければいけない」

そんなことを訴えたプレスリリースを何度出しただろう。

だが、状況は悪化する一方だった。僕は無力感でいっぱいになった。

そしてとうとう、この仕事はもう辞めようと思い至った。

日本に帰国する直前、ある患者と出会った。

その患者は、空爆で最愛の妻と赤ちゃんを亡くし、自分の右足もなくしていた。

手術を終えてベッドに横たわっていた彼に、**僕はあろうことかシリアの悲観的な未来や人道援助の限界を口にしてしまった。**

そのとき、僕よりもっとはるかに絶望の淵にいたはずの彼が、こう言ったのだ。

「Please don't say that（そんなことを言わないでくれ）」

「You are our hope（あなたたちは、私たちの希望なんだ）」

「So, please don't say that（だから、そんなことを言わないでくれ）」

僕は、言葉に詰まってしまった。

「You are our hope」

そうだったのか。自分と自分のチームは、現地の人たちからそんなふうに見えていたのか。

それまで、何人の患者を診《み》て、何人に外科手術を提供したのかという、統計上の数字を活動の責任者として追っていた。だれの目にもわかる仕事の成果を残すことを求めていた。

でも、気づかされた。**紛争の被害者からすれば、僕たちの存在は、「世界のすべてから完全に見捨てられたわけではない」という「希望」にもなりえるのだと――。**

その部屋を出たときから、日本へ帰国する機内でもずっと、このシーンが何度も蘇《よみがえ》った。彼の「You are our hope」という言葉と、そのときの彼の目が、脳裏から離れなかった。

成田空港に着くころ、僕の意志は固まっていた。

「この仕事をもう少し、続けよう」

その4年後、僕はハーバードの公共政策大学院であるケネディスクール（ハーバード・ケネディスクール）に留学することになる。

医療への攻撃を減少させ、紛争地で援助を必要としている人たちの**「医療へのアクセスを増加させる」という、心からの〝究極の夢〟を実現させるために。**

それまで人道援助の尊さとやりがいを感じながらも、どこか個人としての成功を考えていたところがあった。

だが、もっとかけがえのない、**〝はるかに大切なもの〟**に僕はそこで目覚めることができた。それがこの本にある「命の使い方」だ。

「命の使い方」の大切な6つのポイント

この本ではまず**「世界」**の現実を知ってもらうところからスタートする。

それが「命の使い方」を考えるときに、まっさきに重要なポイントになるからだ。

ここでは、僕が20代後半から40代前半まで10年以上にわたって国境なき医師団の現場で目撃してきた経験をシェアしたい。

紛争地で暮らす人たちが直面している現実と、僕たちが普段なにげなく生活している社会とのギャップにおどろくだろう。

「21世紀最悪の人道危機」といわれたシリアとスーダンの紛争地や、バングラデシュの難民キャンプの話なので、衝撃的なエピソードがあるかもしれない。あらかじめ、ご了承いただきたい。


次に**「アイデンティティ」**を取り上げる。

本当に自分らしい「命の使い方」を探求するには、「自分が何者であるか」という問いに決着をつける必要がある。

ここでは、**ハーバード・ケネディスクールで人気No.1のロナルド・A・ハイフェッツ教授による「アダプティブ・リーダーシップ論」の一部を紹介する。**アメリカに留学して、僕が一番感銘を受けた授業だ。

また、イラクとイエメンの超大物と謁見・交渉をして気づくことができた**「日本人としての大切な魂」**をみなさんと共有したい。

3番目は、**「夢」**だ。

日本のような国に生まれ育ち、夢をもたない、追いかけないのはモッタイナイ。**「これができれば本望」といえる夢をもっているかどうか。これは、何歳になっても「命の使い方」を決める上できわめて重要な問いだ。**

「国境なき医師団で日本人初の現地での活動責任者になり、ハーバード・ケネディスクール留学を経て、日本人初の事務局長に就任」――これが、広報用の僕のプロフィール。

でも、学生時代からずっと優秀だったというタイプではない。さまざまなコンプレックスと挫折を味わってきている。「どうせ自分は人生で、大きなことなんてできないんじゃないか」「自分に自信がない」。こういった人たちに、絶対に人生は変えることができることを証明したい。

続く4番目は、その夢をかなえるための**「戦略」**。

夢をぼんやりとした夢で終わらせるのではなく、その思いをどうすれば自分が望む結果に結びつけることができるのか。それには、「戦略」が必要だ。

夢は大きなものであるほど、短期間では実現しにくい。**その実現のために、努力をしつづけるために、努力の方向性をはっきりと決めたい。**


5番目には、**「リーダーシップ」**にフォーカスする。

リーダーシップとはなにか。この本を読んでいる多くの社会人は、こうした問いをもっているだろう。

ここでは、ハーバード・ケネディスクールの「アダプティブ・リーダーシップ」論の大家であるハイフェッツ教授に再登場していただく。**さらにハイフェッツ理論を使い、国境なき医師団での僕のリーダーシップの成功と失敗経験を分析する。**

なぜ、うまくいったのか。一方でなぜ、失敗してしまったのか。分野が違っても、どの職業の方にも十分通用するケース・スタディを提供したい。

そして、最後のポイントは**「パブリック」**。

長い間、僕は「自分の未来は、自分でつくっていくもの」だと考えていた。でもハーバード・ケネディスクールに留学してから、**「自分が愛する社会や組織の未来は、自分たちでつくっていくもの」だと考えるようになった。**

自分の幸せや満足を求めるだけのミーイズムの集合では公は壊れていくばかりだ。そこで思い切って、「世界をよくする方法」を提案したい。僕たち一人ひとりには、いったいなにができるのか。20代の後半にサラリーマンを辞め、世界の紛争地を走りつづけた経験から、すべての大人たちに訴えたいメッセージを送りたい。

「自分の命を大きく使ってみたい」

この本を読み終えるころにはそんな気持ちになっていて、具体的なアクションプランがいくつもあなたの頭に浮かんでくれたらうれしい。

これから、国際人道援助の最前線で僕が目の当たりにした紛争地のエピソードも多数紹介しながら、生きる上で重要な「命の使い方」について語っていこう。

Contents

「国境なき医師団」の僕が
世界一過酷な場所で見つけた
命の次に大事なこと

2
Identity
アイデンティティ

3

Dreams

夢

4
Strategy
戦略

5

Leadership

リーダーシップ

6 Public パブリック

What can we do?
——僕たちには、なにができるか

ブックデザイン　小口翔平＋青山風音（tobufune）
カバー・本文イラスト　酒井真織
本文ＤＴＰ　朝日メディアインターナショナル
編集協力　株式会社ぷれす
企画協力　ブックオリティ
編集　金子尚美（サンマーク出版）

World

1

世界

Privilege——特権。

特権と聞くと、ある特定の身分や地位の人たちだけがもっている特別な権利を僕たちは思い浮かべがちだ。だが僕はこう断言できる。

日本にいる僕たちは、本当にたくさんの特権をもっている——。でも、どれだけ多くの人たちがそのことに気づいているだろうか。

安全な社会で、教育を受けることができる環境。安価で高い水準の医療へのアクセス。これらは、人生の大半の時期を内戦下で過ごしているアフリカや中東の一部の国の人たちからすれば、夢のような話だ。

清潔な水へのアクセスに困ることも、反政府勢力と政府軍の戦闘に巻き込まれることもない。**そしてなにより、自分の人生を選択できる。**

日本のような国に生まれたというだけで、すでにその特権を与えられている。

この世界には、今日も続く紛争のために、まるで違う惑星に着いたかのような錯覚に陥る国や地域がたくさんある。

豊かな環境にいる僕たちは、自分の命をどのように使うべきなんだろうか。

紛争地の最前線で、そんなことを考えさせられるシーンに、何度も僕はぶつかった。

「平和な社会に暮らせていること自体が特権」という現実。

そのことにまだピンときていない、この本を読んでくれている多くの人たちへ。

この章では、僕が現場で目撃したなかでもとくに伝えたいエピソードを選んだ。

この本を読み進める上で、これからの「自分の命の使い方」を深く考えるひとつのきっかけになれば、と願っている。

衝撃的だった世界の現実

はじめての
人道援助の最前線・
スーダンのダルフール地方

避難民キャンプでの初日の出来事

「世界の現実を見てみたい」

ようやく足を踏み入れることができた人道援助の最前線。

アフリカ・スーダンのダルフール地方にある国内避難民キャンプをはじめて訪れたとき、僕は興奮していた。

「やっと自分のやりたかった仕事ができる」

サラリーマンを辞め、1年以上のフリーター期間を経てつかんだ国境なき医師団でのはじめての仕事。苦労はあったけれどこれで報われる。

だが同時に、28歳当時の僕は都合のいいことも考えていた。

「現場での人道援助を1、2回だけ体験して、あとはMBA（経営学修士）を取りに行こう。そしてその後、キャリアを活《い》かして順風満帆な人生を送ろう」と。

ところが、とんでもなかった。ここからが怒濤《どとう》の国際人道援助「現場10年」の始まりだった。


いまだから告白する。この**避難民キャンプを訪れた初日、2時間ぐらいですぐに日本に帰りたくなっていた。**とにかく強烈だったのだ。暑さとにおいが――。

その日の気温は45度。車にエアコンはなく、着いたときから吐き気がして足元はフラフラ。患者であふれかえった待合室、満床の入院病棟、子どもたちの泣き声。五感に飛び込んでくるすべてに圧倒された。

医療現場で使う消毒液と、たくさんの入り乱れる人のにおいにめまいがして、すぐにトイレにかけこんだ。

トイレは清潔には保たれていた。だが日本のような水洗式ではなく、いわゆる〝ボットン便所〟。汲《く》み取り式でもなく、いっぱいになったらそのまま埋めてしまい、また新しいものをつくる形式。

その排泄《はいせつ》物の強烈な臭いで鼻がもげそうになり、そこであえなくノックアウト。意気揚々と行ったのに、その後は仕事にならず、宿舎に帰る時間まで休憩室で横になっていた。自分が、情けなかった。

その日の夜、宿舎で晩ご飯を食べているとき、落ち込んでいる僕にアメリカ人のベテラン医師が声をかけてくれた。

「次にキャンプに行くときは、避難民たちの生活を見てみるといい。国境なき医師団のような医療・人道援助を行う組織がどうして設立される必要があったのかよくわかるよ」

今世紀の最初の大虐殺「ダルフール紛争」

アフリカのスーダン西部にある、ダルフール地方——。

米議会や多くの活動家が「21世紀、最初の大虐殺」と呼ぶ紛争があったところだ。これまでに推定で30万人が死亡し、200万人以上の人たちが住む家を追われた。

もともと、非アラブ系の農耕民族とアラブ系の遊牧民族との間で、水へのアクセスや牧草地を巡る争いがずっとあった。

それが2003年、非アラブ系のグループが武装蜂起し、スーダン政府に支援されたアラブ系との間で、本格的な紛争に発展していった。

おどろくことに、**当時のダルフール地方で5歳以上の死亡原因の第1位は、病気でも栄養失調でもなく、暴力だった。**

ジャンジャウィードと呼ばれるスーダン政府の支援を受けたアラブ系の民兵組織が、

多くの非アラブ系の村落を襲撃していた。そこで、容赦のない虐殺と性暴力が行われていたのだ。

砂漠のような灼熱《しゃくねつ》の広大な大地で、被害にあった村をいくつか見たことがある。ローラー作戦によって村中の家は地面が見えるまで燃やされ、耕作地や井戸まで破壊されていた。これでは生きのびた人たちが村に帰ることを望んでも、生計は立てられない。


そんな彼らが、安全を求めてなんとかたどり着いた避難民キャンプで、国境なき医師団は無償で医療を提供していた。

避難民キャンプに命からがら逃れて到着する人たちは、毎日たくさんいた。

はじめて僕がついた仕事は、サプライ・ロジスティシャン。

医薬品などの輸入も含めたすべての援助物資の調達と、在庫管理の担当だ。縁の下の力持ちともいうべき大事な役割だった。


ある日、ひとりの初老の女性とその孫の男の子が到着した。

たまたま僕は、医薬品をキャンプ内のクリニックに運んでいた。

通常、避難してきた人はまず登録のために受付に行く。だが、その2人は緊急の患者として病院に運ばれていた。

男の子は、栄養失調だった。おどろいたのは、初老の女性の方だ。**体はやせ細り、しわだらけの彼女の顔面には大きな傷がいくつもあった。**交通事故にでもあってガラスの破片が刺さったのではと思ったが、そうではなかった。

切りきざまれていたのだ、顔全体を――。

村がジャンジャウィードの襲撃にあったとき、夫は目の前で殺害され、彼女はレイプされた。そのときに複数の男から受けた暴行の傷の一部だという。

信じられないほど、残酷だった。

顔のいくつもの大きな傷はなんとか手当てができても、心の傷は消えることはない。同僚の看護師は、涙を流しながら彼女の手当てをしていた。

国内避難民のほぼ全員は、持てるものも持てず、着のみ着のまま逃れてきていた。水や食料をはじめ、生活に必要なすべてを、国際的な人道援助の団体に頼らざるをえない状況だった。

ようやく逃れてきたキャンプ内にも暴力はあり、避難民からすれば、もうだれが悪いのかわからない。ただ、傷跡だけが残っていく。

家はない。学校もない。でも、命はある――。

これが、ダルフール紛争における暴力の被害者たちが生き抜いていかなければいけない現実だった。僕たちがそこにいないと、彼らの命がどうなるか、容易に想像できる環境だった。

夢は、外国人になること

「カワジャ！　カワジャ！」

毎朝、僕たちの白いトヨタのランドクルーザーを見ると、大勢の子どもたちが笑顔で「カワジャ！」と言いながら、手をふってくれた。

カワジャというのは、現地語で外国人のこと。当時、ダルフール地方にいる外国人は、ほとんどが人道援助の団体で働いている人たちだった。

でも、あちこちでたくさんの子どもたちが「カワジャ！」と声をあげ、歩いていると手をつないできてくれた。

はじめてのアフリカ、はじめての人道援助。日本を離れ、英語もそれほどうまく話せず孤独だったが、子どもたちから慕われていることが僕の心の支えだった。


「君の夢はなに？」


日本のある新聞社のカイロ支局記者が、このダルフール地方避難民キャンプを訪れ、ひとりの男の子にこう質問したという。現地取材のついでにちょっとした興味本位で聞いてみたそうだ。

日本であればお医者さん、社長、サッカー選手、最近ではYouTuberかTikTokerなど、いろいろあがることだろう。

ところが、その子の口から出てきた言葉が衝撃だった。


「カワジャ！　カワジャになりたい」

外国人になりたい――。こんな状況からなんとか抜け出したい。それには外国人になるしかない、ということか。きっと、日本中にいる子どもたち全員に聞いても、このような答えはまず返ってこない。それぐらい、現地の状況は過酷だった。

彼らが知っている外国人は、人道援助の団体で働く僕らぐらいしかいないはず。いつも僕は全身をユニクロでかため、靴やカバン、腕時計を含めても合計2万円もしない格好でいることが多かった。強盗などに狙われないためだ。チームのみんなも同じような格好だった。そんな僕たちは、朝に何台もの車でキャンプに来て、日中は病院で忙しく医療を提供するが、必ず夕方には帰っていく。

一方、避難民キャンプのほとんどの子どもたちは靴さえ履いておらず、はだしで走り回っていて、服もボロボロ。しかもすでに何年も避難民キャンプでの暮らしを余儀なくされていた。

彼らからすると、僕たちは例外なく、〝小ギレイでお金持ちの外国人〟のように見えていたのかもしれない。

僕の小さいころの夢は、学校の先生になることだった。

だがダルフール地方は、日本でなら子どもたちが普通に考えるそんな夢やあこがれさえも、自分たちの社会の中にもてる環境ではなかった。

日本のような国でどれだけ不幸な気分にひたろうと、僕たちがどれだけ恵まれているか、よくわかるだろう。

続けられた理由は「同僚たち」

このように、日本とはまったく状況が違う心身ともに過酷ななか、僕がこの仕事を続けていこうと思った理由のひとつは、世界中から派遣されてきた「同僚たち」だ。

肌の色も、髪の色も違う。もともとの話す言語もまったく違う。

でも、彼らに対して共通して僕が抱いたのは、「なんてモチベーションが高くピュアな人たちなんだろう」という思いだった。

それぞれおとなしく自分の国で働いていれば、もっと安定した快適な暮らしを家族や友人たちと送れるはず。それなのに、わざわざアフリカの紛争地にやってきて、**自**

分の人生にまったく関わりのない人たちのために一生懸命に働いている。

その一点で、もう十分に彼らをリスペクトできた。

「おいしい食べものもなく、毎日40度を超えるほど暑い。それなのにホントよくやるなあ、この人たちは」。これがいつも思っていたことだ。

国境なき医師団の現地での朝のはじまりは、早い。7時には宿舎を出て歩いて15分ほど離れたオフィスの駐車場まで向かうのだが、夏はすでに温度計を見るのもイヤになるほど暑い。

そんななか、緊急医療用のキットなど、背中よりも大きく重いリュックを背負うのだ。両方の腕から汗をたらしながら力強く一歩一歩進む彼らの後ろ姿は、見ていて頼もしかった。

共同生活なので、仕事を終えたあとは宿舎で夕食をみんなでとる。

これは、その日の出来事をシェアしたり、だれかの悩みを聞いてあげたりと、大切な時間だ。性格や仕事のやり方の違いから仲が悪いスタッフもいたが、**患者の話になるとチームは心がひとつになった。**

そして彼らの仕事は、みんなプロフェッショナルだった。外科医、麻酔科医、手術室看護師、小児科医——。人事やロジスティクス、経理など「ヒト・モノ・カネ」を担当する非医療スタッフも、高いレベルで活動に貢献できる人たちばかり。

僕たちが担当するプロジェクトには、たった1か月で紛争の暴力による外傷の重症患者の数が130人近くになるところがあった。

またこの章の冒頭で紹介した、僕が最初に訪れた避難民キャンプの病院では、**診察する患者の数は1週間で1000人を超えていた。**

自分たちのやっている仕事の必要性もインパクトも、目に見えてわかった。

こういう仕事があったのか。こういう組織で、こういう人たちと一緒に仕事をしていきたい。これは、以前勤めていた会社ではなかった感覚だった。

約1年の派遣期間が終わるころ、そう強く思うようになった。

人間が生きるということは、どういうことなのか

初回の派遣地が、紛争地だったということもあるだろう。

日本に10か月ぶりに帰国したとき、身も心も以前とは違う感覚になっている自分がいた。成田空港はすべてがキラキラして見えて、トイレは住めるのではないかと感じるぐらいキレイな空間に思えた。

そこから、国境なき医師団日本の事務局があるJR高田馬場駅まで向かう電車の中から見える景色。自分が30年近く住んでいた国なのに、すべてが未来にタイムトラベルしたかのようだった。

ホテルでテレビをつけても、どの番組にも気持ちが入っていけず、日本の生活に再び適応するのに時間がかかった。

いったい、この違いはどこからくるのか——。

この地球で人間が生きるということは、どういうことなのだろうか。

僕は、何度も考えざるをえなくなっていた。

そこで出た結論がこれだ。

「日本のような国にいて、夢をもたない、追いかけないのはモッタイナイ」

「これができれば本望といえる究極の夢の実現のために、自分の命を大きく使って生きていこう」

それから15年以上が経《た》ち、そのときの思いがこの本の「命の次に大事なこと」というタイトルにつながっている。

僕はこれからも、人道援助に携わっていく。自分のすべての知識、センス、スキルを総動員する必要があるきわめてやりがいのある仕事だからだ。

だが、この仕事をしていて、一生後悔することになる経験もした。

それはどんなに悔やんでも、どうにもならない。僕はずっと、その十字架を背負って生きていかなければいけない。

それは、「第二次世界大戦後、最悪の人道危機」となったシリアの内戦で、現地での活動責任者として人道援助を指揮していたときのことだ。

シリア内戦の最激戦地
――奪われる命と生まれる命

第二次世界大戦後、最悪の人道危機

空爆によって奪われる命、新たに誕生する命

それは突然、ある冬の夕方に起こった。

「ドーン!!!」というものすごい衝撃音。あわてて僕たちは建物の中に避難した。

直後に、映像でしか見たことがないような**大きな〝きのこ雲〟がはっきり見えた。**

南に4キロメートルほどしか離れていない町が、シリア軍からミサイル2発の空爆を受けたのだ。

この日は週末で、その町に買い物に来ていた女性や子どもを含む多くの一般市民が

犠牲になった。

そのころ、国境なき医師団は、アレッポ県北部のトルコとの国境沿いの小さな村で、小学校の校舎と校庭を病院として使っていた。

すぐに僕はチームに、多数の死傷者に一度に対応する緊急のプランを発令した。

次々と病院に搬送されてくる患者たち。1時間で25人の重傷患者が運ばれてきた。医療スタッフではない僕と現地のスタッフは、2人で急いで遺体安置室のスペースを確保した。

ある患者が車からタンカで降ろされて病院の中に運ばれた。緊急治療室に行ったと思ったら、遺体安置室にすぐに運ばれてきた。

「どうしたんだ?」と聞いたら、「もう死んでいる」ということだった。

見てみると毛布でくるまれたその女性の体は、頭がまるごと吹き飛ばされ、首から上がなかった。よほどパニックになっていたのだろう。倒れている人たちを手当たり次第にとにかく車に乗せて病院に運ぼうとして、気がつかなかったのだ。

結局、その空爆で120人ほどの死傷者が出た。

その夜は雪が降り、ものすごく冷えた。

自分の家族の無事を確かめるため、多くの人たちが病院を訪れてきた。そのなかに、前述の亡くなった女性の家族もいた。空爆のあとずっとあちこち捜して、ここに運ばれたのではないかと彼らがたどり着いたときには、もう夜の10時をまわっていた。

頭部がなくても自分の家族だと判別できたときの、子どもたちと夫の叫び声——。

病院中に響き渡った。僕はいたたまれなくなって外に出た。

手袋をしていなかった手はかじかみ、吐く息は白かった。

月だけが、静かに明るい夜だった。


明け方、疲れきって階段にすわりこんでいた僕のところまできて、こう言ってくれたスタッフがいた。

「シンジロー、昨日の夜ここで6人の赤ちゃんが生まれたんだって。この病院は本当に必要とされているよ」

ムハンマドという28歳のシリア人の外科医だ。

夜通しで何十人もの緊急患者への対応をして、僕よりもはるかに疲れているはず。それなのに、わざわざそのことを伝えに来てくれた。活動責任者である僕を勇気づけようと思ってくれたのだろう。そんな彼に、僕は感謝した。

多くの命が無残に奪われた一方で、その日の夜、新しい命も誕生していた。いくつもの生と死が同時に起きていたことに、彼と僕は紛争地の病院がもつ使命のようなものを感じていた。

「たしかにこの病院は必要とされているね。できる限りのことをやろう」

心の中でそうつぶやきながら、僕は立ち上がった。

現地スタッフが過激派グループに拉致される

それから、約半年が過ぎた。

1年契約が終了する前に、アレッポの近くにもうひとつ病院を開設する提案の承認がヨーロッパの統括部門から下り、僕は休暇に入った。

だが、休暇の途中にシリアにまた呼び戻されてしまった。

新しくオープンした病院のスタッフが、あるグループに拉致されたという。

現地の反政府グループと豊富な人脈をつくっていた僕は、危機対応のチームを率いることになった。


シリアから離れて2か月も経っていなかったのに、アレッポはもう雰囲気が変わっていた。あちこちにコンタクトしてわかったのは、その当時、反政府グループの中でコントロールが利かないグループがひとつ出てきたということ。

それはISIL、のちに「イスラム国」と名乗るグループのことだった。

彼らがどういうグループなのか、そのころははっきりとわからなかった。日本人の2人がオレンジ色の服を着せられ殺害された事件が起きる、まだ2年近く前のことだ。

調べていくと、すべてのベクトルが現地スタッフを拉致したのはISILだと示していた。僕は信頼できる現地スタッフと共に、拉致されたスタッフ解放の交渉にあたることになった。外国人の方が狙われる可能性が高いので、トルコ側から毎日連絡を取り合い、24時間対応でパソコンにへばりついた。

約1か月が過ぎ、なんとか無事にそのスタッフの解放にこぎつけることができた。

このグループのその後の行動の残虐さを考えると、奇跡に近い出来事だった。

病院に彼が着いたという連絡を受けたとき、一目散に会いに行った。

そこには新婚だった彼の奥さんもいた。

「ありがとう。本当にありがとう」

あのときの彼女の笑顔。いまだに忘れられない。心からホッとした瞬間だった。

医師ムハンマドの死

スタッフも解放され、もうお役ご免。日本へ帰ろう。

そう考えて帰国の準備をしていたとき、また別のニュースが飛び込んできた。

「ムハンマド医師が何者かに連れ去られた！」

空爆があったあの日の翌朝、「この病院は本当に必要とされているよ」と僕を勇気づけてくれた、あの若き外科医のムハンマドだ。

連れ去られたその日、彼はトルコとの国境沿いの病院で夜勤をしていた。病院近くの宿舎で他の同僚と仮眠をとっていたところ、武器を持った複数の男たちが押し入ってきて、彼だけが連れ去られたのだ。

イヤな予感がした。

じつは数か月ほど前、**現地のイマーム（宗教指導者）から、イスラム教の宗教的な勧告である「ファトワー」が彼に出ていたのだ。しかも〝死刑〟のファトワーだった。**

彼はいわゆる世俗派で、自分の生まれ育ったアレッポがだんだんとイスラム原理主義の勢力に侵食されていくのをよしとしなかった。その彼がフェイスブックなどのSNSで原理主義者の批判をしていたため、制裁を加えるということだった。

警戒した僕は、ファトワー撤回の交渉を行うよう現地スタッフに指示。その間、ムハンマド医師をトルコのプロジェクトに異動させた。

交渉はうまくいき、ファトワーは撤回された。一件落着のように思えた。

だが正直、彼との雇用契約は終了してトルコで他の仕事を見つけてもらうしかないと僕は考えていた。それが彼と、プロジェクト全体の安全のためには一番いいと思っていた。

ところが現場のチームから**「お願いだから彼をクビにしないでほしい」**との強い訴えがきたこともあり、処遇をどうすべきかためらってしまった。

ここで、僕は大きな間違いをおかした。

迷ったのだが、もう二度とSNSで以前のようなコメントはしないという約束をさせた上で、彼をアレッポの病院に戻してしまったのだ。

情に流されて、僕のリーダーとしての弱さが出た。

しかも、そんな大事なことを統括部門の上司に相談していなかった。そのときの僕はあろうことか、自分の契約期間の終了までに2つ目の病院をオープンすべく調整に躍起になっていたのだ。

2013年の半ば、アレッポ県の勢力図が水面下で少しずつ変わっていたころだった。そんなときに、現地の状況の変化に対するシナリオを読めず、スタッフの安全を守るための対応を誤ってしまった。

連れ去られてわずか数日後に、彼は遺体となって発見された。捜索に出ていたスタッフが、道端で彼の遺体を見つけた。写真を見たが、顔の見分けもつかないほど、暴行のあとが残っていた。

犯行声明は出ておらず、解放のために交渉する機会さえなかった。現地の多くの人たちは、ＩＳＩＬの仕業だと信じた。

「失敗から学ぶ」にはあまりに大きな過失

あまりの展開の早さと、最悪の結末にスタッフはだれもが言葉を失い、泣き崩れた。自分のふるさとが過激な思想に染まることに抵抗し、ＳＮＳで自分の考えをシェアしたムハンマド医師。たったそれだけのために、奪われてしまった命。

現地の活動責任者として、数歩先の未来に起こりうるリスクを予測し、より適切な対策を取るべきだったのにそれを僕はしなかった。
いままでいろいろな失敗はしてきているが、これ以上後悔していることはない。
「失敗から学ぶ」には、あまりに大きな過失だった。

過激派組織である「イスラム国」の建国宣言が最高指導者バグダディーによってなされたのは、その翌年である。同年に、彼らをターゲットとするアメリカが参戦。そして2015年、シリア政府から正式な要請を受けたロシアもこの内戦に加わっていった。このように、周辺国も含めたさまざまな勢力の思惑がぶつかる代理戦争の側面が、シリア内戦の事態をより複雑にしていった。

現地スタッフの中には、「アラブの春」で自由を求めて起こした行動が、さまざまな政治的思惑に乗っ取られてしまったと嘆く人もいた。

そんななか、シリアとロシアの軍は、「テロとの戦い」という名目で反政府側がコントロール下に置く地域を無差別に空爆していった。

そこには一般市民が数多く生活しており、病院や学校もたくさんあったにもかかわらず、だ。

想像してみてほしい。第二次世界大戦後、軍隊によってもっとも多くの一般市民が無差別に攻撃された都市のひとつである、アレッポという街を。

数えきれないほどの病院が空爆の被害にあい、助かるはずの自分の家族の命が助からなかった人たちの無念さを。**そして今世紀、もっとも多くの難民と国内避難民を生んだ紛争の激しさを——**。

シリア内戦の最激戦地のひとつとなったアレッポでは、国境なき医師団は多くの命を救った。だが、圧倒的にそれ以上の多すぎる命が、紛争という暴力によって奪われていった。

計5回、のべ2年3か月にわたるシリアでの仕事を終えたとき、僕は疲れ果てていた。そのころ、この本のプロローグで書いた患者に出会うことになる。

「You are our hope（あなたたちは、私たちの希望なんだ）」

いま思うと、あの患者と引き合わせてくれたのは、天国のムハンマド医師だったのかもしれない。無力感からこの仕事を辞めようと考えていた僕に、「シンジロー、君の仕事は本当に必要とされているよ」と伝えてくれるために。

国境なき医師団の経験の中で、シリアの仕事が一番苦しく、大変だった。だからこそ、「自分はなぜ生きるのか」「なぜこの仕事をするのか」という意味がわかるようになった。

そのころからだ。「紛争地で援助が必要な人たちの医療へのアクセスを増加させる」ことを自分のキャリアゴールに掲げるようになったのは。

それができれば、自分の人生は本望だ。死んでもいいと思っている。

喫緊の課題であった「医療への攻撃」を減少させるアドボカシー戦略を練る――。僕はそのために、ハーバード・ケネディスクールへの留学を目指すようになった。

そして修了したいまも、国境なき医師団で働きながらそのキャリアゴールを追いかけている。

「むしろ、バングラデシュで死にます」

世界最大の難民キャンプで出会ったロヒンギャの人々

世界でもっとも迫害された少数民族

「もし明日、ミャンマーとバングラデシュとの国境が開いて自分のふるさとに帰れるとしたら、ミャンマーに帰りたいですか?」

国境なき医師団でボランティアとして働くロヒンギャの女性たちに、僕はそう聞いてみた。

「それは、当然です」と口々に言われるだろうと予想していた。

ところが、彼女たちから出てきた言葉はまったく異なった。

「いいえ。私たちはむしろ、バングラデシュで死にます」
そのときの彼女たちの目――。その奥には、強い意志があるように見えた。

バングラデシュ南部のコックスバザールという町にある、世界最大の難民キャンプ。**「世界でもっとも迫害された少数民族」といわれるロヒンギャの人たちが、90万人規模でそこでの避難生活を余儀なくされている。**

ボランティアの彼女たちも、竹と防水シートでつくられた簡易シェルターが見渡す限り密集しているキャンプで暮らしている。周りはフェンスで囲われ、丘陵地を切り開いて一時的な措置でつくられた場所に、もう何年も閉じ込められている。

２０２２年の7月に訪れたが、キャンプの環境は悪い。高い気温と湿度のせいで、まるでサウナの中を歩いているようだった。

他の人道援助団体の水と衛生面での支援は滞っており、下痢や疥癬《かいせん》と呼ばれる皮膚病がまん延している。キャンプ内の区画間での移動の自由はないので、ロヒンギャの人たちは自分が住む区画にある医療施設のみ利用できる。

だが、キャンプで大流行している疥癬やC型肝炎、糖尿病の薬を提供できるのは、国境なき医師団の病院だけ。そのため、遠回りをしてでも区画をなんとか越えてやってくる患者が病院には殺到していた。

そのキャンプでは、こんな悲劇も起こる。

ある晩、27歳の女性は何週間も具合が悪く国境なき医師団の病院で診《み》てもらおうと区画を越えるために検問所を通ろうとした。

ところが、その検問所の警察官に通るにはお金を払うよう要求される。ロヒンギャの人たちにキャンプ内で生計を立てる手段はほとんどない。

日本円にしてたったの300円が払えなかったその女性はあきらめて帰り、数日後に死亡した。

また、ある35歳の女性は妊娠していた。陣痛が激しくなり、国境なき医師団の病院を目指したが同じように検問所でひっかかった。

日本円で750円ほどのワイロを要求され、それが払えなかった彼女は、なんとその検問所で赤ちゃんを出産せざるをえなかった。そして残念ながら合併症を引きおこし、その赤ちゃんは数日後に死亡してしまう。

このような話は、あげたらきりがない。

母国ミャンマーで受けてきた迫害の歴史

ところがそんなキャンプに閉じ込められていながら、たとえふるさとのミャンマーに帰れることになっても、このキャンプの中で死ぬことを選ぶという。いったい、なぜか――。

それは、彼女たちが母国ミャンマーで受けてきた迫害の歴史と関係している。

ロヒンギャの人たちは、1960年代から何十年間も迫害されつづけてきた。1982年にはミャンマー人としての国籍が法律で奪われる。その10年後には、25万人以上がバングラデシュに脱出した。

そしてなんといっても、2017年のミャンマー軍による大規模なロヒンギャ掃討作戦がひどかった。

彼女たちの話をまとめると、こうだ。

ある日、軍隊がロヒンギャの人たちの村にやってきた。

「村に反政府派のアラカン・ロヒンギャ救世軍（ARSA）の兵士が潜んでいる」。住民はそう言われて村から出ていくように強制され、財産はすべて奪われた。

ボランティア女性のうちのひとりには結婚を控えていた姪がいたが、その姪は連行されレイプされた。救出しようとした母親と小さな子どももレイプされた。その村には200人近く男性がいたが、全員が殺害された。

彼女たちは約14日間かけてバングラデシュに逃げたが、食料は5日分ほどしかなく、川の水を飲みながら逃避行をした。ジャングルを移動しているときも銃声は聞こえ、何度も死体を見た。

イスラム教徒であるロヒンギャの人たちは、その数年前から5人以上で集まることすら禁止され、集団で祈ることもできなかった。

男性は家にいないとARSAに参加していると軍にうたがわれ、家にいると連れ出されて拷問された。夜は、電気やろうそくも使わずに夕食をとらなければいけないときもあったという。

そんな彼女たちが、ミャンマーからバングラデシュに向かって国境を越えたとき、とても安心したそうだ。

「生きていてよかった」と、はじめて「平和」というものを感じたというのだ。

だから、「もしバングラデシュとミャンマーの国境が開かれ、いまのミャンマーに戻ることが許されたら、そこに戻りたいか」という質問に対して、彼女たちは口々にこう言った。

「いいえ、むしろバングラデシュで死にます」

「私たちは自分たちの国を愛しています。もちろん、ふるさとに愛着があります。でもあそこでは、恐れずになにかを言う自由はありません」

「自分たちの土地や財産、祈りの権利、そして人間としての人権が戻ってこない限り、あの軍が政権をとった母国には帰れないのです」

ミャンマーにはまだ、離れ離れになった彼女たちの家族もいる。

本心は会いたいはずだ。彼女たちの悲痛な気持ちが、日本にいる僕たちに想像できるだろうか。

それでも、逆境をはねのけようとする決意

キャンプでの一番の問題は、教育だという。

キャンプ内には、教育施設は寺子屋のようなものしかなく、対象は小学生のみ。90万人がキャンプにいても、中学、高校、大学などの教育を受けることができるロヒンギャの人たちは、ほとんどいない。

「子どもたちに教育を受けさせたい。だが、それができない」という親のストレス。「勉強がしたい。でも、学校がない」という若い人たちの絶望感。

どちらも、日本のそれらとは比較にならない。

彼女たちは、同じ境遇のロヒンギャの人たちに人道援助を届けるために国境なき医師団でボランティアをしている。自分たちも難民なのに、だ。

それぞれが、トラウマになるほど苦しい経験をし、いまも未来が見えない過酷な日々を送っている。

それにもかかわらず、「生き抜くんだ」という強い意志と「逆境をはねのけよう」とする決意が、彼女たちの目や言葉の端々から伝わってきた。

同じような状況になったとき、彼女たちのように強くなれるだろうか——。彼女たちと話をしながら、僕は自問していた。

実際には、そんなことはそのときになってみないとわからない。

だが、たとえいまの仕事や生活がどんなにつらくても、忘れてはいけないことがある。それは、**僕たちはこの世界で圧倒的に恵まれた存在なんだということ。**

だからこそ、日本のような国に生まれ育ち、夢を描かない、追いかけないというのは、モッタイナイ——そう思わないだろうか。世の中の常識や空気にとらわれず、自分の命をもっと自由に、思いきり大きく使ってみないか。

もちろん、家庭の事情や健康面などで自分のことを不運と感じている人もいるかもしれない。だが一般的に、**僕たちが言っている「人生の危機」というのは、戦争や紛争の被害者の人たちからすると、それほど深刻なレベルにはないはずだ。**

その危機の多くは、自分次第で乗り越えられるものではないだろうか。

だからこそ、自分たちに与えられた「特権」に気づいてほしい。

そう。僕たちは、自分の命の使い方を自分で自由に決められるのだ。

Identity

2

アイデンティティ

「アイデンティティ」と聞いて、あなたはなにを思い浮かべるだろう？

自分の生まれ育ったふるさと？　日本という国？　日本人？

一般的にアイデンティティとは「自分が何者であるのか」ということだ。

本当に自分らしい「命の使い方」を探求するには、「自分が何者であるか」を知ることが重要だと、身をもって感じるようになった。

僕は、28歳から42歳までの14年間、国境なき医師団で海外への派遣を15回繰り返してきた。

そのほとんどは、一人ひとりの命の重さが、日本のような国とはまったく違う紛争地。そこで異なる文化、そして考え方をもっているさまざまな人たちに出会った。

一方、どれだけ国際的な仕事をしていても、必ずどこでも僕は日本人として見られた。それにもかかわらず、髪や肌の色などの表面的なこと以外に、自分の真の「アイデンティティ」とはなにかということに、なかなか気づくことができなかった。

日本人の僕たちは「自分探し」にばかり気を取られ、アイデンティティを軽視しがちだ。

これから、僕がアイデンティティについて考えるきっかけになったエピソードや、ハーバード・ケネディスクールで教えてもらった「アイデンティティ」と「セルフ」の違いに関してシェアしていこう。

イスラム教シーア派
最高権威との面会

自分とは、どこから来ているのか？

イラクで国境なき医師団の新規プロジェクトを立ち上げる

これは、トンデモナイことになった――。

２０１０年、ある国のプロジェクトの責任者として僕は指名された。それは、イラクで国境なき医師団の新規プロジェクトを立ち上げるというもの。

休暇中にメールでそのことを知らされた僕は、その翌日から日本を出る日まで、イラクに関する本を読みあさった。

イラク戦争のあと、イラク国内の情勢がどうなったか、あなたはご存じだろうか。

2003年、「大量破壊兵器を保持している」という理由でアメリカが率いる多国籍軍に侵攻されたイラク。フセイン政権下でなんとか保たれていた秩序はなくなり、治安は急激に悪化した。

ブッシュ大統領による「戦闘終結宣言」のあとの、社会の混乱による暴力の犠牲者は10万人以上にものぼる。**翌年には国境なき医師団も撤退。**

イラク人医療従事者の7割以上は国外に脱出し、看護学校も閉鎖され、深刻な医療不足は市民生活を直撃した。

その帰結のひとつとして、**生まれてから28日未満の新生児の死亡率が、周辺国の10倍にまでふくれ上がった。2010年には、5歳未満の子どもの死亡数の約5割を、新生児が占めるようになっていた。**

これが、国境なき医師団が6年ぶりに海外派遣スタッフを常駐させるプロジェクトを立ち上げる理由となった。

そのプロジェクトの責任者として、僕は指名されたのだ。

場所は、バグダッドの南に位置するナジャフという都市。新しいプロジェクトを立ち上げるときは、現地のさまざまな利害関係者から、自分たちの活動に理解と支持を得る必要がある。当時はまだ、イラク戦争の影響で国際機関への不満が現地にはうずまいていた。

もともと営業マンだった僕は、**現地の有力者とのネットワークがチームの安全のカギを握る**と考え、だれに会えばよいか作戦を練った。

ナジャフは、イスラム教シーア派の重要な聖地だ。

そこには、イラクの人口の6割を占めるシーア派の人たちからの圧倒的な支持がある、シーア派最高権威のシスターニ師がいた。

シスターニ師は、戦前も戦後も政治の混沌《こんとん》から比較的中立的な立場を維持してきた。そんなシスターニ師が、現地の人たちからどれだけ敬われているかを聞いていると、まさに日本の天皇陛下のような方に思えた。

一般市民にだけでなく、政党や他の宗教指導者に対しても影響力は絶大。もし支持を得られれば、一気に新規プロジェクトの道がひらけることは間違いなかった。

「会えるわけがない」

「でもやってみよう」

僕たちは、謁見を陳情することに決めた。

歴代の日本の首相でも会うことはむずかしく、フセイン亡きあとのイラクで、当時のアメリカのブッシュ大統領がどうしても会いたかったのに会えなかったという、そのシスターニ師に――。


まず、シスターニ師のご子息に面会を取りつけた。ご子息といっても、イラクのシーア派で、かなり位が高い人物だ。

時間は10分ぐらいしか取ってもらえないだろうと聞いていた。

国境なき医師団の紹介とイラクでの新しい活動をどう簡潔に説明するか、僕は頭の中で最後の練習をしていた。

訪問したメンバーは、ヨーロッパの統括部門から応援に来た上司のスペイン人、中東の専門家でアラビア語が堪能なイタリア人、そして僕の3人。門をくぐってから何重もの厳重なボディーチェックが時間をかけて行われようやく会うことができた。

日本という国に対する信頼の高さ

ところが――。

最初の自己紹介が終わり、**僕が日本人だとわかると、ご子息が質問したのは、なぜか僕に対してだけ。**しかも内容は日本についてのことばかり。

日本の歴史や文化、そして聞いたことのない日本の本のことまで次々に質問された。

これは、マズい。国境なき医師団どころか、突然イラクと日本との外交関係まで背負った気持ちになった。

逃げようにも逃げられず、予想外の展開に頭がパニック寸前だった。

「上司のスペイン人やイタリア人もいるんだから、彼らの国のことも聞いてくれ」

「なんでもいいから早く国境なき医師団のことについて質問をしてくれ」

そんな願いもむなしく、面談の約20分のうちおよそ15分は日本についての話に。僕は、しどろもどろになりながらも、なけなしの知識をふりしぼって、「武士道」や「戦後の復興」のことなどについて説明した。

やがてご子息は、にっこり笑って「わかった。ちょっと待っていなさい」と言い、その場を立ち去った。

「もしかすると、シスターニ師に謁見できるかもしれないぞ」

通訳をしていたイタリア人が、両手を震わせながら興奮して言った。

半信半疑の僕たちは、お仕えの方の後ろについていくと、奥行きのあるうす暗い部屋に通された。

そこにはなんと、写真でしか見たことがないあのシスターニ師が黙座していた。床にすわったまま一言も発しなくても、齢《よわい》80の姿からはその威厳が伝わってきた。

横には、ボディーガードだろうか、K1ファイターのような長身で屈強な男性が立ってこちらを見ていた。

自分たちの目の前に、シスターニ師がいる——。緊張で固まり、言葉を忘れてしまった僕たちにシスターニ師は、静かに優しく声をかけてくれた。

「日本から来てくれて感謝する。国境なき医師団の新しいプロジェクトは、なんの問題もない。困ったことがあればなんでも言うように」

それ以降、イラクでのこのプロジェクトの安全は保障された。

この経験で一番おどろかされたのは、日本という国に対するシーア派最高権威の信頼の高さだ。アメリカに敗戦して復興を遂げた日本と、これからの自国の未来を重ねようとされたのか。それとも、欧米諸国とはあきらかに違う日本の文明にリスペクトをもっていたのか。

スペイン人の上司やイタリア人と一緒だったのに、**関心を示されたのは日本に対してだけだった。**

あのときとっさに日本のことを英語で説明できなければ、シスターニ師に謁見させてもらえたかどうかわからない。

『武士道』の本に助けられる

偶然だが僕はそれまで、国境なき医師団の同僚相手に日本の歴史や文化をよく紹介していた。それは、英語が十分にできなかった僕が、チームで会話をリードできる数少ないトピックだったからだ。

日本史といっても、大学受験のような細かい知識はまったく必要ない。ウケがよかったのは、**「サムライはどこから来て、どんな道徳があり、どのようにサムライの時代は終わったのか」「日本にとって天皇制とはなにか」「戦後、焼け野原からどうやって日本は経済大国になったたか」**など。

相手の関心を引きつけるように話すことは、インターナショナルなチームで自分の居場所をつくるために大切だった。

よく参考にしていたのは、**『武士道』**(新渡戸稲造著)と、**『国民の歴史』**(西尾幹二著)という2冊の本。まさかイラクのあのような場面で役立つとは、夢にも思っていなかかった。

日本の英語教育や駅前の英会話学校では、自分の経歴や趣味、仕事のことだけ話していないだろうか。それらはもちろん大切だ。

だが、**自分が生まれ育った国の歴史や文化を「物語を話すように」英語でわかりやすく説明できること**。これは、僕たちがグローバル人材になるための大切な条件のひとつだということを強調しておきたい。

世界に出ていかなくても、自分の国の歴史を語れるようになることは、この社会で自己を実現するために必要だ。

言い換えると、**自分の「アイデンティティ」がどこからきているのかを意識しておくこと**。

国際的には、どこに行っても僕たちは日本人と見られることを忘れてはならない。

そのことについて、さらに深く考えさせられた出来事があった。このイラクでの経験から9年後、42歳で留学した、ハーバードの大学院での一コマだ。

「セルフ（自己）」と「アイデンティティ」

ハーバードの〝神教授〟からの不思議な問いかけ

君は日本人には見えない

「シンジロー、君は日本人には見えない」

2020年、苦労してやっとつかんだ夢の留学であるハーバード・ケネディスクールでの冬学期。1年間のMPA（Master of Public Administration：行政学修士）の留学生活で僕がもっとも楽しみにしていた、リーダーシップの授業の初日にそれは起こった。

教鞭をとるのは、ロナルド・A・ハイフェッツ教授。

「アダプティブ・リーダーシップ論」の大家だ。

独創性に富んだリーダーシップの教育と実践手法は世界中から高く評価され、何度もハーバード卒業生の「もっとも影響を受けた授業」に選出されている。日本でも、NHKで放送された「リーダーシップ白熱教室」によって注目を浴びた。

100人が入れる教室は、いつも超満員。

この教授の授業を取るためにハーバードを目指す学生もいるぐらいだ。**そんな神のような教授から、初回のクラスで僕はいきなりみんなの前でターゲットにされた。**

「君は、日本人には見えない」

中央にある教壇から、教室の端におとなしくすわっていた僕のすぐ前までやってきて、そう問いかけてくる。

いったいどういう意味なのか？　いままでの人生で一度も言われたことがない、不可思議な問い。頭を全力で高速回転させてもうまい切り返しは思いつかず、不覚にもしばらく僕は固まってしまった。

それでもこの〝神教授〟は、僕の席の前から離れようとしない。視線を外さず、じっとこちらを見つめている。

沈黙が続いた。その様子を学生たち全員が、見守ることになった。

「もう一度言う。シンジロー、君って日本人に見えないんだけど」

教室の空気が重い。もう限界だ。

「わ、私は日本人です」

なんの機転もない、発想力0点の回答。もうなんでもよかった。心の中では、早く目の前から去ってくれと叫んでいた。ところが、この神教授はさらにあおってくる。

「いや、そうは思わない。**君は日本という国がどんな歴史をたどってきたか、それすら知らない**」

おどろきだ。初対面で勝手に決めつけられ、どうしてみんなの前でそんなことを言われなきゃいけないのか。しかも、事実と異なる――。


「教授、それは違います」

ようやく神教授が中央の教壇に戻りかけたとき、勇気を出して呼び止めた。

「私は、国境なき医師団という国際的な組織で10年以上、働いています。以前は、かなり国や国籍を意識していました。自己紹介をするとき、名前の次に〝Where are you from?（どこから来たか）〟を必ず聞かれるからです」

僕は一気に話した。

「チームはいつも多国籍・多文化のメンバーで構成されていました。みんな、それぞれの文化の違いについて話すことが好きでした。私は自分の国である日本に関心をもってもらえるよう、日本の歴史や文化を調べ、よく説明していました。同僚の中には、出身国についての歴史や文化に関する質問をしてもあまり答えられない人もいました。そういう人には、あまり魅力を感じなかったほどです。ですから、自分の国の歴史を理解していることは重要だと考えています」

ハーバード・ケネディスクールの神教授は僕の話に耳を傾け、「続けて」と言った。

「自分の国の歴史を知っていることは大切ですが、何年も国境なき医師団で仕事をしていると、だんだん考えが変わってきました。ハーフやクォーターの人もたくさんいます。幼少時と思春期で育った国が違う同僚などもいます。ですから**その人の国の歴史よりも、その人がどういう考えをもっているかなど、人の内面に私は関心をもつよ**

うになりました。たとえば、『あなたの人生の夢はなんですか？』などの質問をよくしていました。国籍よりも、お互いのそういった面での理解の方が私は重要だと考えています」

ハーバード・ケネディスクールの授業は、ディスカッション（議論）重視。

しかしひとりの学生があまり長く話しつづけると、みんなの貴重な時間を独占することになる。それは厳禁だ。

なによりも、クラス全員の視線を浴びつづけるストレスから、僕は早く解放されたかった。そこで思い切って、後方にいる他の学生みんなに話をふってみた。

国があるから人は生きていける

「国籍ってそんなに重要かな？　みんな、どう思う？」

そう言った瞬間にある学生と目が合い、「しまった」と思った。

別のクラスで何度も議論したイスラエルの学生がじっとこちらを見つめ、反論してきた。

「もちろん国籍は重要だ。シンジローの言っていることは正しくない」

彼はこうもつけ加えた。

「国というものがあるから、人は生きていけるんだ」

ユダヤ人の歴史を背負うイスラエル軍人の彼の発言。言葉に重みがある。

ただ自分の真意を勘違いされたような気がしたので、僕はもう少し説明をつけ加えた。

「誤解されるといけないので、ちょっと説明させてほしい。さっき『日本人に見えない』とハイフェッツ教授に言われたとき、僕は批判をされたり、バカにされたりした気分がしなかった。日本人であることは、自分にとって生まれたときからあまりにも当然のこと。だから正直、『なにを言っているんだ、この人は？』というぐらいの感じだった。でももしあのとき、『シンジロー、君はHumanitarian（人道主義者）には見えない』と言われていたら、すぐに反論していたと思う。**Humanitarianであり、Humanitarian**

として行動することは、僕にとってはただの日本人であることよりも重要なことなんだ」

僕は後方にいる学生をぐるりと見回し、こう続けた。

「それは、自分が一番大事にしている価値観であり、信念といってもいい。自分の信念を理由もなく否定されれば、相手がハイフェッツ教授であっても、僕は反論していたと思う」

クラス全体が、静かになった。「自分は人道主義者だ」という発言にインパクトがあったのか。それとも、僕の母音出しまくりの日本語なまりの英語が衝撃的だったのか。その後だれからも、発言がなかった。

そこで、その日の授業の終了を告げるベルがなった。外はもう、真っ暗だった。

帰り際、何人かの友人が「よく言った！」と声をかけてくれた。

だが正直いって、僕は相当まいっていた。いきなりみんなの前で、自分の本質であるコア（核）の部分をさらけ出さなくてはいけなかったからだ。寮に帰ると、疲れてそのままベッドに倒れ込んだ。２日目以降が思いやられた。

我々はみんな水を運んでいる

「アダプティブ・リーダーシップ論」の授業が進むにつれ、ハイフェッツ教授はさまざまな理論を展開していく。

その間、僕は1日目のあの不可思議な問いかけにまだ悩んでいた。神教授はリーダーシップの授業で、どうしてあんな問いかけをしてきたのか——。

ようやくヒントになるカギがあったのは、教授が「セルフ」と「アイデンティティ」の話をしたときだった。

「セルフ」というのは、Myself（マイセルフ）の「自分自身」。

日本でよくいう、「自己実現」の「自己」がそれだ。「自分の夢はなんなのか」「自分はなんのために生きているのか」「自分の軸をもつのが大切」というのは、すべて「セルフ」を探求するテーマだ。

日本のほとんどの自己啓発本は、ここにしかフォーカスを当てていない。

では、「アイデンティティ」とはなんだろうか。

ハイフェッツ教授によると、**僕たちの主義主張はすべて、周りとの関係性から完全に独立してできているのではない。**

家族からの期待や、自分が尊敬する人の教え、学校教育で育まれた道徳など、社会の影響もある。仕事の面では必ずどこかで所属する組織や職場の人たちの影響を受けている。

時をたどれば、自分の祖父母やその前の世代からも、伝統的な物の考え方を無意識に引き継いでいることがある。

これをハイフェッツ教授は、「我々は、みんな水を運んでいる」という独特の言い回しで表現する。ここでいう水とは、価値観の比喩だ。

はたして僕たちは、自分たちが無意識に運んでいるその「水」についてどこまで自覚があるだろうか。それが自分の「アイデンティティ」の確立につながるのだという。

相手の考えや行動はどこからきているのか？

これを「リーダーシップ」の観点から説明しよう。

世の中のだれもが、なんらかの派閥やグループに属しており、利害関係が異なる。そのなかで、組織や社会の問題解決のために僕たちがリーダーシップを発揮するとき、どうするか——。

まず、それぞれの立場の違いを理解しなければいけない。

自分と異なる相手の考えや行動は、いったいどこからきているのか。表面的な理由だけでなく、個人の心理的な背景まで分析し、共通点を探る必要があると教授は説いた。

ある夫婦を例にとって考えよう。

妻は教育熱心で、小学校3年生の息子を塾に通わせたい。中学受験はまだ先だが、いまからやっておかないと乗り遅れると心配している。周りのママ友は子どもを私立小学校に通わせており、やはり息子に小学校受験をさせるべきだったと後悔している。

ところが夫は、お金に余裕がないからダメだという。

なぜ夫は、妻の考えに賛成しないのだろうか。それは単に、家計を支える大黒柱としての経済的な理由からだけだろうか。それでは、妻がパートに出る時間を増やして塾の費用を稼げば解決するのだろうか。またどうして妻は、子どもをそんなに塾に通わせたいのだろう。それは単に、ママ友関係での見栄からきているのだろうか。

このケースの場合、妻と夫の子どもの教育に対する立場は、**それぞれの人生や生い立ちを反映したものであると考える必要がある。**

たとえば、妻は小さいころピアノが大好きで習いたかったが、親がどうしても首を縦にふらなかった。親は自分にどうして習い事をさせてくれないのかという思いが、子ども心に強く残った。また自分が10代のころはまったく勉強をせず、遊んでばかりいた。短大を卒業して社会に出ると待っていたのは学歴社会で、たくさんの挫折を味わった。子どもを塾に通わせたいのは、親となったいま自分と同じ思いや苦労をさせたくないと考えているからだ。

一方、夫は子どものとき家が貧しく、親に大学に行かせてもらえなかった。だが努力家で、高卒でも自分の腕一本でいま勤めている会社の課長にまで成り上がった自負がある。小学生の子どもを塾に通わせるのに反対なのは、単に経済的な理由からだけではない。それは、**自分の信念や生きざまにもつながる問題なのだ。**

このように、同じ日本人でもそれまでの人生の経験の違いから、考え方の違いが出てくる。僕たちは知らず知らずのうちに、過去の経験に発想や行動が縛られているということだ。

そんなとき、「自分の運んでいる水」と「他人の運んでいる水」の共通点を考えることで、はじめて人は課題解決に向けた歩み寄りが可能となる。

このハイフェッツ教授の理論を聞いたとき、イエメンでのあるエピソードを思い出した。この理論がピッタリあてはまるケースなので、時は少しさかのぼるが、紹介しよう。

思想がまったく異なる相手との共通点を探れ

元イエメン大統領との交渉

コレラ感染拡大！
時間がない中で取り囲まれ――

「アメリカについて、おまえはどう思うか」

30人ほどの武装した兵士にグルッと囲まれた会談の席に着くと、あいさつもそこそこに、僕はまずこの質問をされた。

相手は、イエメンの元大統領。アンサール・アッラーという組織、通称「フーシ派」の実力者だ。

フーシ派は、もともとイスラム教シーア派のザイド派を中心とする武装勢力で、イエメン北部の山岳地帯を拠点としていた。2014年に事実上のクーデターを起こし、イエメンの正統政府を倒して、首都のサヌアを占拠。以降、イエメンの北部一帯を実効支配している。

そのフーシ派で指折りの大物が、一言目にそれを聞いてきたのだ。

中東の最貧国であるイエメンでは、1日2ドル以下で暮らす貧困層が国民のおよそ7割を占めている。加えて2015年からの内戦の影響で、生活必需品の不足や燃料の高騰が続いていた。

具合が悪くなって病院に行きたくても、多くの人々は病院まで来る手段をもっていない。医療も、国内の病院の半分は機能していない。

国から医師などの公務員への給与が支払われておらず、医療物資も不足し、おまけに300近くの病院がサウジアラビア主導の連合軍に空爆されているからだ。

2017年、そこに輪をかけるように世界最悪の規模で大流行したのが、コレラだった。コレラは、コレラ菌に汚染された水や食べもの、感染者の便などを通じて広がる感染症だ。

安全な水の供給が乏しく、衛生環境が悪いところでは急速に感染が広がり、大規模な集団発生が突発的に起こりうる。適切な治療をすれば、99パーセント以上の人が助かる。だが迅速に治療をしないと、激しい下痢と嘔吐《おうと》の結果、重度の脱水症状になり致死率は50パーセントにまで上がる。

いち早く複数のコレラ患者を病院で確認した国境なき医師団の僕のチームは、患者たちの村々を訪問したいと考えた。

感染拡大を防ぐには、コミュニティの人たちが使用する水源を塩素消毒し、飲み水を安全にすることが不可欠。衛生面での関心を高める啓発活動も、同時にしなければならない。**コレラ対応は、どれだけ早く医療体制をととのえ、地域での感染の拡大をコントロールできるかが肝心で、時間との勝負なのだ。**

だが、北部を実効支配するフーシ派の治安当局からは、移動の許可は下りなかった。ほぼ毎晩、首都のサヌアを含め要所にサウジアラビア軍から空爆を受けていた彼らは、国際援助団体の中にスパイがいると疑っていたのだ。国境なき医師団も、例外ではなかった。

放っておくと、感染がますます広がっていく。

そこで、移動の自由を制限している治安当局のトップに影響力がある人物として、同じフーシ派のこの元イエメン大統領との会談にいたった。

何時間も待たされたその会談のはじめに、彼はいきなり、アメリカについての質問をぶつけてきたのだ。


「国境なき医師団は、独立・中立・公平の組織で……」と、組織の紹介をするときに僕がいつも使う決まり文句を言いかけたのだが、すぐにさえぎられた。

「そうではなくて、おまえがアメリカについてどう思っているかを聞いているんだ」

もう少しで顔と顔がくっつくのではないかと思うぐらいの至近距離から、じっとこちらを見ている元大統領。かなりの「圧」のかけ方だ。

こちらは通訳を入れてたったの2人。その僕たちを、銃を持った30人ほどが輪になって取り囲んでいる。

現実的にも、心理的にも完全に追い詰められていた。

当時、アメリカ留学の夢があった僕はあやうく、「ハーバード・ケネディスクールに留学したいと考えています」と答えそうになったが、そんなことは口が裂けても言えなかった。

脳裏によみがえる『はだしのゲン』で読んだこと

イランとつながりがあるといわれるフーシ派が実効支配する首都のサヌア。そこでは、「アメリカに死を。イスラエルに死を」というプロパガンダの看板が、日本の道路の標識のようにいたるところにあった。

それが僕には、『はだしのゲン』（中沢啓治著）で読んだ戦時中の日本の「鬼畜米英」というスローガンと重なった。

事前に交渉の準備をしたとき現地のスタッフに聞いたのだが、イエメンのフーシ派はアルカイダともイスラム国とも異なる。

背景は複雑だったが、はっきりしていたことがひとつあった。それは、「超反米」のグループだということ。北部全体を反米のプロパガンダでまとめ上げていたのだ。そんな相手に、アメリカ留学に対するあこがれを微塵《みじん》も見せるわけにはいかなかった。

そこでかわりに父の話をした。

「父は戦時中に広島で生まれました。子どものときに原爆のきのこ雲を見たんです」

「距離がありさいわい無事でしたが、去年75歳になって白血病を患い、いま日本で病院に入院しています。容態はあまりよくありません」

「本人は放射能の影響だと訴えています。このようなことをしたアメリカ政府を、僕が支持していると思いますか？」

ここは交渉の山場だと考え、相手の目を強く見て主張した。目をそらしたりすると、伝わらないと思ったからだ。

ここまで言ったとき、元大統領の表情があきらかに変わり、個人として僕を受け入れつつあることを感じることができた。

そこでようやく、医療面からなぜ村落を回る必要があるのか説明し、それが現地の人たちにとっていかに重要かを強調した。最後に、組織の説明だ。

「国境なき医師団の活動資金の9割以上は、民間からの寄付でまかなっています」

「政府からの資金はヒモつきになるので、イエメンでの活動資金についてはどの国の政府からも1ドルももらっていません」

「ですから、活動の規模はあまり大きくはできません。でも、本当に人道援助を必要としているイエメンの人たちに差別することなく医療を届けるには、この方法しかないんです」

「みなさんに大切な思想があるように、自分たちはこの考え方を長年ずっと変えていません。これからも、変えることはないでしょう」

すると、元イエメン大統領は僕の目を見てしばらく考え、横にいた側近と少しだけなにか言葉を交わした。

その間、僕の通訳は彼らの会話を僕に伝えることはなく、「ちょっとだけ待っていて」と目で合図をしてきた。

すると、「オーケーだ。おまえのチームは移動してよい」と元イエメン大統領が言ってくれた。僕は胸をなでおろした。表情には出さなかったが、緊張感のある交渉がうまくいき、本当にホッとしたのだ。

そこからようやく、国境なき医師団は各地を訪問し、水と衛生面の予防キャンペーンを開始できた。

主義主張や思想がまったく異なる相手と交渉

「HIROSHIMA」で1945年に、なにがあったか——。

それは、世界で広く語りつがれている。

イスラム教のさまざまなグループの人たちの間でも、だ。シリアやイラク、スーダンやナイジェリアなどの長年の紛争地の経験で、僕はそのことを知っていた。

さいわいにも、のちに父はなんとか退院できた。

とにかくむずかしい交渉だったが、無事に乗り越えることができた。

主義主張や思想がまったく異なる相手と交渉する際、どこに自分との共通点を見いだせるか。**自分の仕事上の立場や所属する社会になにも相手との共通項がなければ、ときには親やそのまた前の世代にまでさかのぼってみる。**

前述したように、これはのちにハーバード・ケネディスクールでハイフェッツ教授の「アダプティブ・リーダーシップ論」の授業から、理論的に教わったことだった。

社会の国際化が当たり前になった今日、「セルフ」だけでなく自分の「アイデンティティ」を理解し、確立しておかなければならない。

さらにいえば、自分の交渉相手が運んでいる水がどこからきているか、彼らの「アイデンティティ」の源も理解しておく必要があるのだ。

祖先との対話で自分と歴史を結びつけよ

祖父母との対話

ハーバードで学んだ瞑想法

では、どのように自分のアイデンティティを確立すればよいのか。

身近なところでは、これまでの人生の経験から自分がどんな考えをもつに至ったかを振り返ってみるといい。

職場の上司や部下からの自分に対する期待、また自分の親や周りの人たちから受けてきた教えや期待を書き出してみる。

すると自分の考え方や行動は、自分の仕事上の役割や社会の影響を受けていることがわかる。

むずかしいのは、自分の祖父母やその前の世代から引き継いでいる考え方に意識をめぐらすことだ。とくに大事なのは、**第二次世界大戦のころ現役でいた世代とのギャップを埋めること**だと僕は思う。

しかしもう、その世代のほとんどの方は残念ながら他界されている。

僕の祖父母がまさにその世代なのだが、僕が大人になる前に亡くなり、深い話はできなかった。これからますます、そういった日本人は増えていくだろう。

そこでおすすめなのが、**瞑想《めいそう》をした上での祖先との対話だ。**あくまで想像上にすぎないのだが、これがやってみると意外に効果はバツグンだ。

この方法は、ハーバード・ケネディスクールでティーチング・アシスタントをしていたアメリカ人のコーチにガイドしてもらった。

コツさえわかればひとりでもできるので、やってもらいたい。

まず目を閉じて、大きく深呼吸をする。

ゆっくりとだ。静かな空間で自分の心が落ち着いているときがいい。抱えている悩みや心配事は考えず、頭の中は空っぽにする。

想像力を使って、戦時中の世代の人たちの現役のころの姿を何人かイメージする。

僕の場合は、軍人だった自分の祖父たちが5人ほど浮かんできた。

目はずっと閉じたままだ。そこから、やせており、泥だらけの軍服を着た彼らとの想像上の会話がはじまった。


「どうしてあんな戦争をしたんですか」

「どういう意味だ？」

「軍事力も資源も、すべてにおいてスケールが違うアメリカを相手に、無謀な全面戦争をしたことです。勝てると思っていたのですか」

「それに中国や韓国でおかしたといわれていることは、武士道に反するのではないでしょうか。いまだに恨みに思われていて、政治のカードにも使われています」

「おまえが俺たちの時代のことをどれだけわかっているか知らないが、俺たちは国のために戦った。あのときはそれが正義で、そうしなければいけなかった。俺たちは子どもや、おまえたちの世代のために戦ったんだ。多くの仲間が自分を犠牲にして守りたかったことを、おまえたちは守っているか」

「時代は変わったんです。いまは、日本はとても平和で経済の規模は世界で指折りです。私たちの世代は、その恩恵を受けています」

「本当か。それはよかった。それで、おまえはなにをしているんだ」

「国境なき医師団という組織で、世界各地の紛争地で人道援助をしています」

「そうか――。俺たちの時代には、考えられなかった仕事だな」

しばらく祖父たちは顔を見合わせて、最後にこう言ってくれた。

「誇りに思う。頑張れよ」

この瞬間、自分と祖父たちがつながった気がした。**いままであの戦争に複雑な思いをもっていた僕としては、想像上であったとしてもこれは大きかった。**

不完全でも不思議とリアリティがあり、祖父たちの当時の苦悩や僕たちの世代に対する思いをはじめて感じとることができた。
自分の願望が含まれていたとしても、最後のメッセージにはとくに勇気をもらえた。

自由に自分の人生を生きるためのアイデンティティ

祖父たちとのこの想像上の対話を経験してから、僕は自己紹介のときに必ずこう言うようになった。

「I am a humanitarian from Japan（私は日本出身の人道主義者です）」

アイデンティティへの深い理解が、セルフ（自己）を支える。

アイデンティティに縛られるのではなく、自由に自分の人生を生きていくために自分のアイデンティティを確立し、セルフと分ける。

これが、僕たちがこれからの時代、命の次に大事なことである命の使い方を考えるとき、真の自己実現として必要な要素のひとつだといえる。

Dreams

3
夢

東京から北海道へ行くとき、どうするだろうか。
例外なく、北へ、北へと向かうはずだ。
限られた時間や予算の中で、自分の事情にもっとも適した交通手段やルートを選ぶ。
キャリアデザインでも、ライフデザインでも、基本は同じ。

目的地である〝北海道〟が**「自分が成し遂げたい夢」**。
〝東京〟が**「自分の現在地」**だ。
〝北へ、北へ〟というのが、夢の実現のための**「努力の方向性」**。

いつまでに（何歳までに）、
どの場所を経由していくと（どんな経験やキャリアを積んでおくと）、
目的地に達するか。
時間と距離を逆算して、計画を立てる。

講演会などで多くの方と話していると、このなかで一番困難なのは、「自分にとっての北海道とはなにか」、つまり「自分が成し遂げたい夢」を見つけることだとわかる。

告白すると、僕は昔から人道援助に関心が高かったわけではない。20代の後半、じつはまったく別の目的で、国境なき医師団への参加を目指した。

この章では、命の使い方を考えるときに一番大切な「夢をもつこと」について、3つのエピソードを紹介したい。

本気の夢はスーダンのスコールでも破れない

故・杉村太郎さんから学んだ夢の描き方

夢を描いた一枚の紙

国境なき医師団で海外に派遣されるとき、毎回必ずカバンに入れて持ち歩いていたある紙がある。

◉20代で営業マンとして徹底的に対人力とソフトスキルを磨く
◉30代でMBAを取りコンサルに転職

◉40代で政治家になる

いまは自分よりも随分年上の人たちが政治家をやっており、ちょっと間違ったことをされてもおとなしく聞いていられるところがある。でもいつか自分と同年代、あるいは同い年のだれかが日本のことを決める日がくる。そういう日が必ずくる。そのとき、自分はどこでなにをしているか。

二世や秘書上がりの通常ルートの政治家には、魅力がない。僕は、自分が一票を入れたくなるような理想の政治家になりたい。

理想の政治家像とは、サラリーマン経験があり、世界の現実がわかっていて、歴史観と国家観をもっている人。国民にビジョンを示せる人。

自分の未来は、自分でつくっていきたい。

これは、就職留年をしていた大学5年生の春に書いたもの。

40代でその人物になるために、逆算して30代ですべきこと、20代ですべきことを箇条書きにしていた。

これはキャリアデザインスクール「我究館」の館長、故・杉村太郎さんに提出した紙だ。就活で全滅したあと、大学の生協で杉村さんの『絶対内定』(ダイヤモンド社)という本が目に留まり、それを読んでこの〝日本で最初の就職支援スクール〟の存在を知ったのだ。

その紙を読んで、杉村さんは「いいなぁ、これ!」と言ってくれた。

もちろんいまは政治家になりたいとは思っていないが、当時の本音の夢がそこにあった。この夢は、その後何年もいつも僕の頭の片隅にあった。

英語が思うようにできず、年下のイギリス人やカナダ人に仕事をどんどん抜かれていったとき。自分の期待よりもずっと低い人事評価をオランダ人の厳しい上司につけられたとき。派遣期間中の一時休暇のあと、帰国したい衝動がこみ上げたとき——。

悔しいときも、辞めたくなったときも、そして紛争地の前線で眠れない夜を過ごすときも、「こんなところでつぶされてたまるか」とこの紙を見ては自分を奮い立たせて

いた。

派遣先のスーダンのスコールで濡《ぬ》れて、紙はボロボロになってしまったが、思いはまだ心の奥に残っている。

この夢は、すんなりと描けたわけではない。たった一枚のA4の紙に書くのに、僕は半年以上、七転八倒した。

過去よりもいま。いまよりも未来

「将来、なんでも実現可能だとしたらなにをしたいか――」

杉村さんに繰り返し投げかけられた、このたったひとつの問い。この問いに本音で答えられるまで、いくつものバリアがあった。

見よう見まねでやってみた一度目の就活は全滅。どこにエントリーシートを出しても、どこからも一次面接にすら呼ばれなかった。

高校時代の偏差値は50。地方の大学で一浪、一留。偏差値のコンプレックスがあった僕は、どうしても有名大学の学生と比べてしまい自信がもてず、将来を描けなかった。自分の可能性に、勝手に天井をつくっていたのだ。

このままで、本当にいいのか。イヤ、違う。なんとかしたい。なら、自分の人生で本当にやりたいことはなんなのか。

この問いに答えを出すために、僕は毎週、静岡から鈍行列車で東京の表参道にある「我究館」に通っていた。

何百枚という紙に、自分の心の奥底にある思いを吐き出すように書き出した。そして同じように就活に真剣に取り組んでいる仲間とシェアをし、突っ込み合いをした。杉村さんとの個別面談では、こんな会話があった。

「おまえはいま、自分のことを何点ぐらいだと思っているんだ？」

「えっと――、60点ぐらいですかね」

「それで、面接で何点ぐらいに見せたいと思っているんだ？」

「――70点ぐらいには見せたいですね」

「ほらっ!! おまえはそういうやつなんだよ! 〝10〟頑張っているのに〝12〟に見せようとするから、〝4〟にしか見えない。〝10〟なら〝10〟でいいじゃねぇか」

目が白黒させられるほど、痛いところをつかれた。

たしかに、**自分を大きく見せようとするのは、自分に自信がない証拠だ。**それからは面接で、「人生で一番頑張ったことはなんですか?」と聞かれたら、「それは、いまです」と力強く答えることができるように、就活に力を入れた。

毎日小さな目標を立て、スモールウィン(小さな勝利)を重ねていくことで、まだ発展途上の自分に自信をもつようにした。

そのとき学んだのは、「過去は過去」ということ。

過去の失敗は噛《か》みしめる必要はあっても、いつまでもそれに縛られていては前に進めない。**「過去よりもいま」「いまよりも未来の自分がどれだけ輝いているかが重要」なのだ。**

僕はそれまで大きな目標がなく、なんとなく生きていた。

だが、なにかひとつ大きな目標をもって毎日これから一生懸命に頑張れば、10年後、20年後どうなるのか。それをやってみたいと思うようになった。

過去がダメでも、自分の「これから」に希望をもって、「いま」目の前にあるものに前向きに取り組むようになったのだ。これは、大きな気持ちの変化だった。

確率じゃない。可能性にかけよ

当時は、「○○大学がいい」「○○大学はイヤだ」とこだわり、わざわざ浪人までする学生が、いまよりもザラにいた。だが、「自分の人生でどういう仕事をするか」ということは、「どの大学に入るか」よりも、もっと重要なことのはず。

それなのに、「就職氷河期なんだから、ひとつか2つ内定をもらったら上等」とあっさりと将来を決める人が自分のまわりに多かった。

サークルであれだけ魅力的だった先輩たちでさえ、就活にすっかりやられているのを見ると、悲しかった。そんなことを杉村さんに伝えたら、こう返ってきた。

「かっこ悪いぞ、ムラシン!! 他人のことはどうだっていいんだよ。他人は他人、自分は自分! 他人は自分の鏡なんだ」

そのとおりだと思った。**自分自身の人生をなんとかしなければいけないのに、他人のことをとやかく批評している場合ではなかったのだ。**

それから数か月が経《た》ち、外資系のＩＴ企業の営業部門への就職を僕は決めた。学歴や性別、年齢が一切関係のない、実力で評価される職場。自分がきたえたい対人力やソフトスキルを磨ける職種。夢の実現の最初の一歩として選んだ会社だった。

その際、内定の報告を杉村さんにしに行くときに持参したのが、この章の冒頭で紹介したＡ４の一枚の紙だった。

「自分が一票を入れたくなるような理想の政治家になりたい」という、あいまいさが残りつつも純粋でまっすぐな当時の僕の志。

「成功確率でいえばほとんど0パーセントに等しいと思うんですけど、でもやってみたいんですよね――」
少し弱気になりつつ、はずかしがりながらこう伝えたところ、強いまなざしでまっすぐ僕の目を見て杉村さんはこう言った。

「確率じゃない。可能性にかけよ」

最後にこの強烈な言葉を受け取り、僕は社会に出ることになった。
僕にとっての〝北海道〟（自分の究極の夢）と、その実現のための最初の手段が決まった瞬間だった。

日本のような国にいて、夢を追いかけないのはモッタイナイ

紛争地から日本の若者へのメッセージ

恩師からのメール

前略　ムラシン、そちらはいかがですか。僕の想像の限界をはるかに超えた状況でしっかりやっていることと思います。

大忙しの中、恐縮ですがお願いがあります。日本の学生たちにムラシンからメッセージを書いて送ってほしいのです。10行でもかまいません。6行でもいいです。短くてもいいので、いつもムラシンが言ってくれていること。そして実践されていること。〝実現できるとかできないとか、そんなこと関係なく、心からの夢を描こう。それは

きっと実現できるはずだと、僕も信じて生きている〟ということを伝えてほしいのです。

いまの状況は、それどころではないのかもしれない。でも、だからこそ、他のだれにも伝えられないものを伝えられるのではないか。

どんなに短くてもいいです。ぜひよろしくお願いします。

これは、国境なき医師団ではじめて海外に派遣されて数か月が経ったころ、杉村さんから頂いたメールだ。

「1　世界」で書いたように、僕はスーダンのダルフール地方という、のちに30万人もの住民が犠牲になった紛争地にいた。

「なにもかも異なるこの地から、日本の人たちにいったいなにを言えるんだろう？」

僕は、正直いってとまどった。まだなにも達成していないばかりか、紛争地のあまりの現実に圧倒されている自分。

国内避難民キャンプにある病院では毎日患者が押し寄せ、6つあるプロジェクトのスタッフからサプライ・ロジスティシャンである僕に要望が集中。「あの薬を注文したのにまだきていない」「この手術器具は質が悪い。新しいのが大至急ほしい」など、緊急のリクエストが滝のようにくる毎日。

それまで海外経験のほとんどなかった僕が、突然ダイブした人道援助の世界。ストレスが重なるなか、食事も現地の味付けが口に合わず、体はどんどんやせ細っていった。

そんな僕が、どんなメッセージを送れるのか。

人間が生きていることの証

ある晩、英語があまりできずチームに溶け込めていなかった僕は、文化的な近さから親しみを感じていた韓国人の看護師と夜明けごろまで話し込んだ。

「国ってなんだろうね。個人で話し合えばわかりあえるのに、どうして国対国になると、何十年経ってももめつづけるんだろう。ダルフールもそうだけど、民族と民族って、なんでこんなに争うんだろう。宗教もそう。せっかくいい教えなのに、時にどうしてここまで残酷になれるんだろう」

答えが出ないこの会話が、とても大事な問いをくれたような気がした。

「この地球で人間が生きるというのは、どういうことなんだろうか。人間らしい生き方とは、なんなのか」

家はない。学校もない。でも、命はある。だれが悪いのかわからない。ただ、傷跡だけが重なっていく――。そんな紛争がいつ終結するのかさえわからない国や地域にいる、何億人という人たち。

対照的に、かつての僕のように物質的なものはなにもかもそろっているのに、偏差値や就活、上司との関係ごときで将来が不安な日本の若者たち。

自分がどれだけ恵まれた立場にいるのか、気づくきっかけすらない。そうだとするなら、このダルフールから、僕が届けるべきメッセージとは？

さんざん悩んだあげく、杉村さんに出したメールがこれだった。

日本に生まれ、日本で育ち、夢をもたないというのはおかしくはないでしょうか。

僕はいま、地球上でそのことがもっともよくわかる場所にいます。

夢を求める環境が、人間にとって本来どれだけありがたいか。

それなのに夢を描こうとせず、最初からあきらめて、挑戦もしないとしたら、それがどれだけ非人間的な行為か。

ここにいると、痛いほどそう感じます。


僕はいまも、これからも、23歳のときに描いた心からの夢に向かって一歩一歩全力で挑み、時代遅れの既成概念や、固定観念を壊していくつもりです。

それが、人間が生きていることの〝証《あかし》〟だと信じるからです。


あのとき、あの環境にいた自分を叱咤《しった》する意味も込めて、自らの思いをふりしぼって書いたものだ。

この紛争地からの伝言は、『絶対内定』の巻末にそれから毎年掲載されることになる。

20年近く経ったいま、この本を書いていることは運命のように感じる。

限りある命の次に大事なこと。それは、その命の使い方だ。

「日本のような国にいて、夢を追いかけないのはモッタイナイ」

このテーマを考えるとき、外せないメッセージだと僕は信じている。

Different is special（他の人と違うことはスペシャル）

国境なき医師団に
転職する前夜

孤独な僕を勇気づけてくれた言葉

「世界の現実を自分の目で見てみたい。テレビや新聞、雑誌からだけではなく、自分の目で」

「見るだけではなくて、世界でもっとも弱い立場にいる人たちに、自分の仕事のスキルを通じて貢献したい」

サラリーマン生活の3年目が終わるころ、僕はこう思って国境なき医師団への転職を決めた。

営業の仕事はある程度できるようになり、チームでも重要な仕事を任されるようになっていた。でも、「自分の目的地である〝北海道〟に行くには、そろそろ電車を乗り換えて違う経験をした方がいいのではないか」と悩んだ末の結論だった。

「国境なき医師団で働くんだって。すごいね」

まだ入団が決まったわけでもないのに、普通ではない転職のウワサは営業本部で広がっていた。なかには好意的な声をかけてくれる人たちも少数いてくれたが、

「まだ3年経ってないじゃん」

「バカだなぁ。せっかくいいポジションにいるのにモッタイナイ」

こう言ってくる同僚や他部署の人たちが、多かった。

だが就活のときと同じ。他の人は関係ない。**「他人は他人、自分は自分」**なのだ。

ただ、孤独感はあった。普通の世間のレールから、外れてしまった気がした。

そんなときに勇気づけてくれた言葉がある。

「Different is special（他の人と違うってことは、スペシャルってことなんだ）」

転職で悩んでいたときに、杉村さんから頂いた言葉だ。

奇をてらう必要はない。でもそれが本当に自分のやりたいことであれば、周りとどんなに違っても大事な選択をするべきときがある。

異端者になってもいいのだ。自分が心から全力で努力できる目標があれば。

人と違えば、それだけでその人の人生はスペシャル！

国境なき医師団に入るといって会社を辞めたのだが、英語がまったくできず、入団試験に2回落ちてしまう。

だが、もう一度どこかの正社員になるつもりはなかった。英語ができるようになり、入団試験に受かれば、すぐに派遣地に行きたかったからだ。

だから、一時的にフリーターになる道を選んだ。

いろいろなアルバイトをしたが、最終的には家電量販店で携帯電話を売る仕事に落ち着いた。外資系ＩＴ企業で90億円の案件を追っていた男が、はっぴを着て格安の携帯電話を売るようになる――。１年でなかなかの変化だった。

このとき痛感したのは、アルバイトで月20万円を稼ぐのは大変だということ。またここで一生懸命に仕事をしても、なかなかはい上がれるものではないということ。

そして、したくてたまらない仕事があるのに、オファーがいつくるのかわからない。そんな毎日が続いた。そのときはじめて、「待つ」ということの大変さを学ぶことができた。

ある日、家電量販店でお客さま対応のために無線で指示を受けながらフロアを走り回っているとき、ふと思ったことがある。

「これでもし、この先に自分が考えていることが現実になっていけば、これは面白い

人生になるな」

そう考えて、1年半のフリーター生活を僕はなんとか耐えた。

いま、仕事で苦しい思いをしている人たちがいるかもしれない。

そんなときは自分を支えるために、妄想をしよう。妄想は自由。妄想は無制限。**自分の3年後、10年後の成功イメージを膨らませ、ニタニタして幸せになろう。**だれにも見られず、ひとりでいるときがいい。

僕が国境なき医師団に参加したとき、年収はＩＴ企業に勤めていたときの3分の1になった。

だがやりがいは、3倍以上に増えた。

他の人が見たらバカなんじゃないかと思うようなことでも、自分の頑張り次第で「あれは英断だった」と、のちに言えることがある。

人と違えば、それだけでその人の人生はスペシャルになりうるのだ。

Strategy

4

戦略

「命の使い方」には、「戦略」が必要だ。

夢をぼんやりとした夢で終わらせるのではなく、**その思いをどうすれば自分が望む結果に結びつけることができるのか**。

さらに、夢は大きなものであるほど、短期間では実現しにくい。その実現のための努力の方向性をはっきりと決めたい。

シリアの活動責任者に任命されたとき、一から戦略を練らなければいけなかった。

「シリア入りの道を見つけてほしい」

国境なき医師団ヨーロッパの統括部門のトップからそう言われたのが、２０１２年の初頭。

僕はシリアで２番目に人口が多いアレッポに援助を届ける、というゴールを設定した。だが、いきなりそこに突入したわけではない。「急がば回れ」で、ステップ・バイ・ステップで計画を作成した。

まずはトルコ側で、アレッポからの難民を支援して、ターゲットのコミュニティから信頼を得る。次に機を見て国境を越え、アレッポ北部にある医療施設に医薬品を供給してネットワークを確立する、というように。

人生でも、同じことがいえる。

ゴールである夢が大きければ大きいほど、現状とのギャップは大きく、実現は遠い。たとえるなら、100メートル先にある小さな針の穴に、なにもせずに糸を通すことなどできない。ならば、**ゴールに近づくために前進、方向転換、ときには後退もすることが必要だ。**一歩一歩、その糸（意図）をもって。

この章では、国境なき医師団への参加やハーバード・ケネディスクールへの留学の過程で学んだ、自分の夢を実現させるために必要な戦略を4つ紹介したい。

夢のための
コンプレックス
克服戦略

開かずのドアを蹴破ってでも、コンプレックスに片をつける

苦手な英語から逃げない決意

コンプレックスのない人など、いないだろう。

僕は中学校でバスケ部だったが背が伸びず悩み、高校ではアトピー性皮膚炎とにきびに悩まされた。偏差値も思うように伸びず、学校に行きたくない時期があった。

社会人になってからのコンプレックスは、なんといっても英語。

そもそも高校のときから英語の偏差値は50あるかないか。正直、当時のことは消したい記憶だったので正確には覚えていないぐらいだ。

「外資系のIT企業ですか。じゃあ英語はできるんですよね？」

営業マンから国境なき医師団に転職をする際、その1次面接で聞かれたことだ。

「いえ、あんまりできないんですけど――」

実際は、「あんまり」ではなく「まったく」できなかった。

外資系とはいえ、社員はほぼ全員日本人。英語に苦手意識があった僕は、社内の外国人からいつも逃げまくっていた。

だが、いよいよ人生で英語を勉強しなければいけなくなった。それが、**自分がどうしてもやりたい仕事の必須条件になってしまったからだ。**

テスト嫌いの僕は、英検やTOEICなどを受験するための座学は好きになれなかった。大学受験の延長のような気がして吐き気がした。

そこで僕が通ったのが、表参道にある「我究館」の姉妹校の「プレゼンス」という英語学校のスピーキング・コース。

もちろん単語と文法のインプットは必要なのだが、それは自分の言いたいことをアウトプットできるようにするため。そこでは自分の言いたいことを英語で話せるようになるためのメソッドがそろえられてあり、テスト勉強ではない学習法にひかれた。その学習法を僕は自分流に応用した。

当時お昼の時間帯に放送されていたテレビ番組に、ゲスト出演者が大きなサイコロをふって、出たテーマに基づいてトークを展開するというものがあった。

それを学習用にマネしたのだ。

まず、東急ハンズで色の違う小さなサイコロを2つ購入。A4の紙に縦軸と横軸を設け、それぞれ6つずつに分けてマスをつくる。マスにそれぞれテーマを書き入れると合計36のテーマ表が完成する。

テーマは「私、最近○○なんです」「私の恋バナ」など。そして、縦軸用のサイコロと横軸用のサイコロをふり、出た目の数に応じたテーマについて英語で話せるよう、繰り返しトライしたのだ。

2か月で英語を克服！ サイコロトークの応用戦略とは？

キッチンタイマーを机に置き、出た目の数に応じたテーマを5分間英語だけで話す練習を何十回もした。

はじめは、10秒ともたない。日本語で言いたいことに自分の英語力が追いつかないのだ。まず、単語が出てこない。**そのときになにを言えなかったのか日本語でメモを取り、辞書で調べる。その単語と文章を声に出して記憶。そしてもう一度、同じテーマで同じ内容を話す。**そうすると、少なくともさっき詰まったところまで10秒は英語が続くようになる。でもまた、20秒目ぐらいですぐに詰まる。そこでまた、なにが言えなかったのか日本語でメモを取る。辞書で調べる。その英単語を覚える。それからもう一度、やり直し。

それを何度も繰り返し、1日かけてひとつのテーマについて5分間英語で話せるようにした。それを36テーマ。

結局2か月ぐらいかかったが、5分間×36テーマ＝180分間、**3時間を英語で自分自身について話せる表現が身についた。**

日本語なまりの発音で、かなりゆっくりしか話せなかったが、長年の呪縛からの解放となるきわめて大きな進歩だった。それまで絶対に開かないと思っていた冷たく重いドアが蹴破られ、未来への一筋の光がさした気がした。

国境なき医師団にも、晴れて入団。

これでよしておけばいいものの、新たな夢に目覚めた僕は、30代の半ば、ハーバード・ケネディスクールに行きたい気持ちが強くなっていた。

挫折しそうになったときどうするか？

「ハーバード？？　なにを言っとるんや、あんたは」

過去の黒歴史を知っている両親からは、あきれられて反対すらされなかった。またあの子のお熱がはじまった、そっとしておこうというように。

紛争地で働いている間に、偏差値の価値観は吹き飛んだ。

インターナショナルなチームでは、日本のどこの大学を出たかなどは聞かれもしない。そんなことよりも、**チーム内で与えられた役割がこなせる人かどうかを見られる。**

現場では余分な人をやとう余裕はなく、一人ひとりの仕事が超重要だからだ。

また人間的な大きさや強さ、優しさがなによりも求められる職場だった。そんなところでは、偏差値がもつ意味はなかった。

でもまだ、やっかいなコンプレックスが残っていた。

二度にわたる大学受験の失敗で、〝おじさん〟になってもテストや試験というものに完全に苦手意識があったのだ。

大学院に留学するには、当然試験がある。英語を母国語としない人たちが大学院の授業についていけるかを測るTOEFL。そしてアメリカ人も受験する、英語の文章問題、数学、論文からなるGRE。この2つで高いスコアを出す必要があった。

普段国境なき医師団で英語を使って仕事をしているので、ある程度通用するかと思ったら、あまかった。TOEFLにはTOEFL用の、GREにはGRE用の対策をしっかりしなければ、まったく歯が立たなかった。

なんでもそうだが、やる気があればある程度のところまでは比較的すぐに伸びる。問題は、そこからだ。ハーバード・ケネディスクールのTOEFLの最低ラインは、120点満点で100点。僕は90点台を幾度となくとった。肩書きが「TOEFL90点台のコレクター」になってしまうぐらいに。

おそろしいことに、毎日すごく勉強したのに、点数が下がることさえあった。心が折れそうに何度もなった。


学生時代とは違い、そもそも仕事をしながらの勉強。

仕事場から家に帰ってきたとき、もうすでに十分疲れている。夕ご飯を食べてシャワーを浴びたら、ニュースを少しだけチェックして早く寝たい。

「もう十分やっているじゃないか」

ベッドが手招きをし、やわらかなふとんが耳元でささやいてくるように感じた。

そんなとき、僕にはいつもある人たちの顔が浮かんできた。シリアのアレッポで一

現象が一変する「量子力学的」パラレルワールドの法則

村松大輔 著

「周波数帯」が変われば、現れる「人・物・事」が変わる。これまでSFだけの話だと思われていた並行世界(パラレルワールド)は実は「すぐそこ」にあり、いつでも繋がれる！理論と実践法を説くこれまでにない一冊！

定価＝1540円（10%税込）978-4-7631-4007-4

生き方

稲盛和夫 著

大きな夢をかなえ、たしかな人生を歩むために一番大切なのは、人間として正しい生き方をすること。二つの世界的大企業・京セラとKDDIを創業した当代随一の経営者がすべての人に贈る、渾身の人生哲学！

定価＝1870円（10%税込）978-4-7631-9543-2

100年足腰

巽 一郎 著

世界が注目するひざのスーパードクターが1万人の足腰を見てわかった死ぬまで歩けるからだの使い方。手術しかないとあきらめた患者の多くを切らずに治した！
テレビ、YouTubeでも話題！10万部突破！

定価＝1430円（10%税込）978-4-7631-3796-8

子ストアほかで購読できます。

一生頭がよくなり続けるすごい脳の使い方

加藤俊徳 著

学び直したい大人必読！大人には大人にあった勉強法がある。脳科学に基づく大人の脳の使い方を紹介。一生頭がよくなり続けるすごい脳が手に入ります！

定価＝1540円（10%税込） 978-4-7631-3984-9

やさしさを忘れぬうちに

川口俊和 著

過去に戻れる不思議な喫茶店フニクリフニクラで起こった心温まる四つの奇跡。
ハリウッド映像化！世界320万部ベストセラーの『コーヒーが冷めないうちに』シリーズ第5巻。

定価＝1540円（10%税込） 978-4-7631-4039-5

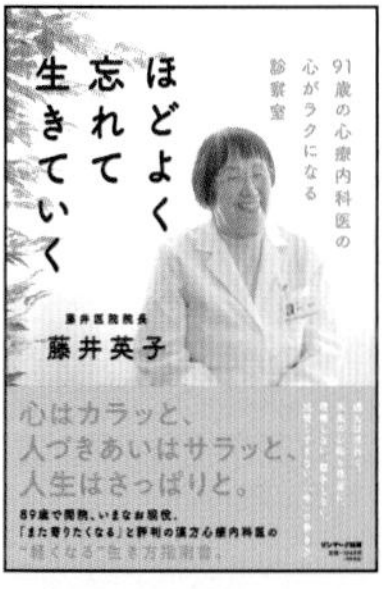

ほどよく忘れて生きていく

藤井英子 著

91歳の現役心療内科医の「言葉のやさしさに癒された」と大評判！
いやなこと、執着、こだわり、誰かへの期待、後悔、過去の栄光…。「忘れる」ことは、「若返る」こと。
心と体をスッと軽くする人生１００年時代のさっぱり生き方作法。

定価＝1540円（10%税込） 978-4-7631-4035-7

電子版はサンマーク出版直営

緒に働いた現地スタッフ。病院が砲撃され、命を落としてしまった小児科病院の病院長。空爆にあった現地のコミュニティの人々――。

彼らのために、自分にはやるべきことがあると信じていた。

それは、紛争地で援助を必要としている人たちの医療へのアクセスを増加させて、助かるはずの命が助かる環境をつくること。

これが紛争地の現場を見てきた僕の使命であり、自分のキャリアのゴールだった。

そのために医療への攻撃を少なくさせるアドボカシー戦略をハーバード・ケネディスクールで描きたい。これが、僕の志望理由だった。

そんな人間が、ちょっと疲れているからといって、フラフラとベッドに行ってはいけない。

「僕はみんなの期待を背負っているんだ。あの人たちのためにやらねば」

そう思っては、あらゆる目を覚ます方法をためした。

すっぱいものを食べ、シャワーを浴び、歯を磨くなどするのが効果的だった。

最終的に、10回ほどTOEFLを受け、なんとか100点を超えることができた。

自分のためにあまり頑張れない人は、自分が頑張れる対象を見つければいい。
その人たちへの思いが、自分をより強くする。

居心地のいいゾーンに戻るな

ハーバード・ケネディスクール教授からの激励

自分のレベルを超えるクラスに入って――

「これは、なにかの間違いじゃないの？」

ハーバード・ケネディスクールでのサマースクール。数学のクラスの初日。クラスメートの顔ぶれにおどろかされた。会社や政府系組織の財務の責任者ばかり。やめておけばいいのに、事前のレベル分けのテストをこっそり勉強してから受けたのが悪かった。

自分の実力よりも、あきらかにレベルの高いクラスに僕は入れられてしまったのだ。

初日の授業から、すでに自分のもっている数学の知識のマックスを超えていた。

おまけに英語で数学の授業を受けるのははじめて。教授が数式を説明するとき、なにを言っているのか、正直いって半分もわからなかった。

案の定、宿題はかなり時間をかけなければいけなかった。数学ができる人からすればすぐに解ける問題も、練習問題から一つひとつ、僕は理解しなければいけない。

周りの学生は授業のあと飲みに行き、ネットワークづくりをしていたが、僕はそれどころではなかった。

授業が進むにつれ、他のクラスメートとの差を感じる毎日。

そもそも僕は高校2年生のときに数学が苦手になったので、文系になった過去をもつ。このままではもたない。僕はついに、恥をしのんで教授にもう少しやさしいクラスに変更してもらうよう、お願いをしに行った。

自分が快適に感じるレベルに戻ってどうするんだ

「居心地のいいゾーンに戻るな」

そのとき教授に言われたのが、この言葉だった。

「君は、ハーバードに挑戦するためにここに来たんだ。自分が快適に感じるレベルに戻ってどうするんだ」

なんだか映画のワンシーンみたいに感じて、ちょっとだけ感動し、クラス変更をやめたのがマズかった。結局、毎晩夜中まで宿題をするハメに。

それでもなんとか最終テストの結果、ぎりぎり及第点は越えることができた。

その後も続いた1年間の留学生活。

高校のときから大人になってもずっと勉強にコンプレックスがあった僕が、40歳を過ぎてからハーバードの大学院で学ぶという暴挙。宿題はリーディングが多すぎて、もうダメかと思ったことが何度もあった。

でも不思議と、「知のディズニーランド」に通っているようで、毎日が充実していた。

大学受験のようにやらされている感がなく、自分が問題意識をもつ分野で夢の実現のために学びたいと望んだ授業ばかりだったからだ。

あのときの教授の「居心地のいいゾーンに戻るな」という言葉。

いまでも、僕に刺さっている。


僕にとって一番居心地のいいゾーンは、じつはなにもしなくていい休日を過ごしているときだ。

国境なき医師団日本の事務局長の仕事は、いつもやることがあり、そんな日は滅多にない。だが年に数回だけ家族と過ごすそのときは、究極に居心地がいい。時間がゆっくりと流れ、ぽかぽかあたたかい気持ちになれる。

でもおそらく、毎日がそんな日だったら、自分の夢には絶対に近づけないだろう。

リスクがある方を選びつづけたからこそ

2011年、イラク、ナジャフにある国境なき医師団の2階建てオフィスのテラス。ひとりで考えごとをしたいときに、よく過ごしたお気に入りの場所だ。

そこで僕は考えごとをしていた――。

まさか自分の人生で、「イラクでプロジェクトをオープンしてほしい」と言われるとは、想像していなかった。正直オファーをもらったとき、迷いがあった。

26歳で会社を辞め、国境なき医師団に参加するために英語を勉強しながらフリーターをしていたちょうどその年。

イラクで日本人3人が人質にされる事件が起こった。

日本の社会は、「自己責任」という名の下に、彼らに対してとても厳しかった。ネットや一部のメディアから、家族に対してまでバッシングもあった。

そんなときに国境なき医師団に参加したいと考えていた僕は、応募する際、3つだけ行きたくない国を事務局に伝えていた。ソマリア、北朝鮮、そしてイラク――。行ってしまったら、戻ってこられないように思ったからだ。

イラク戦争後、そんな僕が、はじめて国境なき医師団の海外派遣スタッフを常駐させるプロジェクトをイラク国内でオープン。

新生児の致死率を下げるプロジェクトの責任者としてチームをリードしていた。アイデンティティの章で述べたように、シーア派の最高権威であるシスターニ師にも謁見した。とてもスペシャルな経験をしていると思った。

「ひょっとするとハーバード・ケネディスクールに行けるかもしれない」

オフィスのテラスで、ふとそんな「妄想」が頭の中にはじめて浮かんできた。

それから8年が経《た》ち、本当にハーバード・ケネディスクールに留学することになった。

営業マンから国境なき医師団へ。そして、フリーターからハーバードへ――。

いま思えば、リスクがある方を選びつづけなければありえなかったキャリアの開発だっただろう。

仕事でも勉強でも、自分の夢に向かってネクストステップを考えるとき、なにを基準にするか。

この「居心地のいいゾーンにいて（戻って）本当にいいのか」という問いは、深掘りしてみる価値はある。

ときには戦略的な撤退があってもいい

次のステップへの仕込みにできる時間の取り方

紛争地で勉強をするということ

「ケネディスクールに応募すれば、いますぐ合格するよ」

シリアのアレッポで2年間働いたあと、スペインのバルセロナにいる国境なき医師団の同僚からそう言われた。

その彼は、数年前にハーバード・ケネディスクールを修了したばかり。当時、ハーバードの授業ではシリアの内戦がトピックとして上ることが多かったという。

そこで実際に人道援助を指揮してきた僕は、絶対にほしがられるというのだ。

ただ、僕には問題があった。ここにきてもまだ英語だ。

仕事で使う英語と、アメリカの大学院の授業で使う学術的な英語との差は大きかった。TOEFLの問題集は、アフリカや中東に派遣されるたびに、毎回スーツケースの中に入れて持っていってはいた。

だが、**紛争地でそれを勉強することはほとんどできなかった。**

たとえばシリアでは、前の晩にどこで何人の死傷者が出たのか、ソーシャルメディアをチェックすることから僕の朝は毎日はじまっていた。

2011年7月に独立した南スーダンでは、いつ情勢が変わるかわからないので、シャワールームに入るときも携帯電話と衛星電話を持っていくぐらいだった。

イエメンでは、夜に空爆の音をひんぱんに聞きながらチームでご飯を食べていた。

そんなところでは、やる気があってもなかなか問題集を開く気にはなれなかった。しまいにはその問題集がいつのまにか廃版になってしまうぐらい、受験勉強は何年も手つかずの状態がつづいていた。

「このままでは仕事の経験は増えても、僕は一生、留学できない」

そう思っていたころ、「ハーバードごとき、だれでも受かる」と言う人と出会った。「我究館」の先輩でテレビ局に勤めるYさんだ。

Yさんはかつて英語力ゼロだったが、そこから死に物狂いで勉強し、ケネディスクールの合格を2回勝ち取ったつわもの。そのYさんが開催していた講演を聞きに行ったとき、よいヒントをもらえた。

テレビ局で長年、毎日深夜まで仕事をしていたYさん。

だが、**「留学するための準備をする」と決めた1年間だけ、仕事量が少なめの部署に異動させてもらったという。**

その期間は夜の8時に仕事を終え、外に出た第一歩からリスニング。その足で英会話の学校に寄って夜10時に帰宅。11時から深夜の2時まで超ハイテンションで勉強。

翌朝は6時30分に起き、6時31分から8時まで100パーセントの集中力で勉強をした。それを1年間毎日続けたという。

そのモチベーションの高さもすごいが、それは部署変更をしないとできないことでもあった。そして見事に合格。帰国後はまた、同じ会社でバリバリ仕事を第一線でやっている。

キャリア後退になったとしても取るべき戦略

「これだ！」と僕は思った。

国境なき医師団のトップは当時、僕を「Highly Insecure Context（非常に不安定な国で働くスペシャリスト）」にしようと考えていたようだった。

だが僕は、いつまでも留学ができずあせっていた。

ここは一回、紛争地以外で仕事をしよう。そこでしっかりと留学の準備をしよう。

キャリアとしては後退になるかもしれない。ただ中長期的に見れば、いったんしっか

りと大学院で勉強をした方が、組織にもより大きな貢献ができる、と考えた。

そこで、僕が選んだのがフィリピンだった。

「村田さんらしくないですね」

フィリピンに行くことに決めたとき、多くの国境なき医師団のスタッフに言われた。日本人初の現地での活動責任者になってから、シリアや南スーダン、イエメンと紛争地での緊急事態の人道危機ばかり担当していた。

そんな僕が、今度はフィリピン。

フィリピンには、アメリカ留学に必要なTOEFLやGREのテストを受けるためのテストセンターがいくつもあった。

平日は夜7時過ぎには家に帰ることができ、土日もすべて勉強できる。

すでに40歳になっていた僕にとって、**家庭を円満にしつつ、確実に留学を実現させるための戦略的な選択だった。**

赴任してすぐ、TOEFLはやっと目標点を超えた。

その後取りかかったのが、GREのテスト。これは大学入学共通テストのようなもの。はじめて池袋のジュンク堂書店で問題集を見たときは、絶望しか感じないほど、語彙力のレベルがまったく違った。

だけど、やるしかなかった。夢の留学実現には、どうしても必要なのだ。

日本にいれば予備校に通えたが、僕はフィリピンにいたので格安のウェブサービスで対策を講じた。

数学は、日本の中学3年生から高校1年生レベル。数学が得意な人はなんの苦労もしない。ただ、高校2年生で数学が意味不明になった僕には、ぎりぎりだった。

最後に数学を勉強してから20年以上経っていたので、練習問題は基本レベルから間違いまくる。

僕は短期間で、GREの数学の問題を1000問解くことに決めた。解説がある良質な問題を1000問。体で問題のパターンを覚える。二度と同じパターンの問題は間違えないと誓う。

でも実際は答えを何度も間違え、解説を読んでは、「そーか、ナルホド～！」とこれもまた何度も同じリアクションをする僕。

そばにいた妻は、だんだん不安になっている様子を示した。


同僚のアメリカ人が驚愕《きょうがく》するほど語彙力勝負のGREのリーディング。

そのために自作の単語カードが300枚を超えた。

だがつくったはいいが、記憶をまったく保持できない。

さすがにときどき「ちょっとキツイな」と感じ、ソファーに横になって将来を考えた。そんなとき、僕は必ずSMAPの「夜空ノムコウ」を聴いていた。

あれからぼくたちは　何かを信じてこれたかなぁ…
夜空のむこうには　明日がもう待っている

タイ人の妻は、日本語の歌詞のすべては聞きとれない。

でも曲調から、雰囲気は伝わっていた。

「ダイジョウブ？　私たちの未来、ダイジョウブ？」

「大丈夫!!」

そんなやりとりを繰り返しては、また机に向かって単語カードをシャッフルしていた。ハーバード卒というと、よく人から「ものすごいですね。頭いいんですね」と言われるが、そんなんではないのだ。

このように、ときには戦略的撤退も一手。

それが自分の次のステップへの仕込みにできる時間になるのであれば、最適なケースは、いくらでもあるはずだ。

自分の心を守る
サポートシステム

サンクチュアリ(聖域)――変えるべきものと守るべきものを間違えない

仕事とプライベートの関係

付き合いだして4年。

僕はタイ人の彼女へのプロポーズという、重大な計画を胸に秘めていた。

イラクに派遣される前から決めていた。休暇でイラクからタイに行くときに、彼女にプロポーズしよう、と。

ただ、場所は悩んだ。夜景のキレイなところ? 船の汽笛が聞こえる夜の港? 日本であればいろいろ勝手がきくが、タイではどうにもならなかった。

どこがいいかさんざん迷ったあげく、いままで2人で行ったなかで、一番印象に残っている場所にしようと考えた。

それは、彼女のご両親の墓前。タイの北部出身の彼女は、小学校3年生のときにお父さんが病気で亡くなった。運動会で自分の順番を待っているときに、近所のおばちゃんが呼びに来たらしい。人の死を見るのは初めてだったので、動かなくなったお父さんを目にしてびっくりしたという。そして彼女が24歳のとき、今度はお母さんを病気で亡くした。僕と出会う3年前。

つまり、僕は彼女のご両親と一度もお会いしていない。


彼女の姉が住む実家にはじめて行ったとき、ご両親のお墓を参拝した。家から歩いて10分ぐらいの竹林の中にポツンと、質素なお墓が並んでいた。

これが、僕が好きになった人のお父さんとお母さんのお墓か――。

なんとも言えない感じがした。それまで国境なき医師団でいろいろな国のお墓を見てきたがそれらのどれとも違った。もちろん、日本の立派なお墓とも。

それがとても心に残り、プロポーズするならご両親のお墓の前だと考えていた。

将来どうなるかわからない、国境なき夢を追いかけている僕のような男が、両親のいない人と結婚するには責任が伴う。

ましてや国際結婚。それなりの覚悟を見せたかった。

プロポーズ当日、最近野良犬が多くなったという理由で、親戚の子がいったいどこで買ってきたのか、大きな海賊の刀のようなものを持って、ボディーガードを買ってでてくれた。でも、2人きりで行きたいので断った。

「それなら持っていけ」と刀を渡された。左のポケットに婚約指輪をしのばせながら、右手には刀というちょっとありえないシチュエーションになってしまった。

2人でお墓を掃除して、ようやくそのときがきた。少し目を閉じてもらって、指輪を取り出してプロポーズ。これをやってみたかったのだ。

彼女は、「ありがとう」を何度も言ってくれた。照れていたのか、舌をペロッと出した。その舌が、見たことのないほど黄色かった。あまりに黄色かったので病気かと思い、どうしたのと聞いたら、水に混ぜるとオレンジジュースになるTANGという粉末飲料を朝からいっぱい飲んでいたという。

それを聞いた僕は、ロマンチックな場面でおもいっきり笑ってしまった。ご両親もきっと、あたたかくほほ笑んでくれただろう。

すでにそれから10年以上が過ぎた。結婚してからすぐにシリア、南スーダン、イエメン、フィリピン、ハーバード……。**実際に一緒にいられたのは6年ぐらい。**その間、いろいろ迷惑をかけてきた。こんな僕に、よくついてきてくれたと思う。彼女なしでは、僕の未来は考えられない。

このような、仕事とプライベートに関する考え方を、意外なところでも僕は学ぶことができた。

戦略として心を支えるサポートシステムを明確にする

「諸君――。これから伝えることが、私から君たちへの最後のメッセージだ。しっかりと聞くように」

ラスト30分。それは、ハーバード・ケネディスクールで人気No.1のハイフェッツ教授による「リーダーシップ」講座の最終日。

教授からの最後のメッセージだった。

「リーダーシップを発揮しつづけるには、自分の心を支えてくれるサポートシステムが必要だ。それは例外なく、全員にあてはまる」

そのサポートシステムのことを教授は、「サンクチュアリ（聖域）」と呼んだ。

サンクチュアリは、人によって異なる。

ある人にとっては、そこに行くと心が安らぎ、**自分の原点に返れる「場所」**のこと。

またある人にとっては、大切にしている習慣や、**祈りなどの「行為」**のこと。

その他に、**「人」**も重要なサンクチュアリになるという。

教授は、こう僕たちに問いかけた。

「自分と、志を同じくする人――。そんな人は、あなたの仕事の環境にいるだろうか。

KGIやKPIなどの業務上の数値目標ということではない。もっと大きなビジョンで、組織の存在意義や目指すべき姿、社会をどう変えたいかという意味で、だ。そういう人が近くにいて支え合わないと、リーダーシップは発揮しつづけられない」

「また仕事の枠の外で、自分の秘密や弱みを見せられる人は、いるだろうか——。自分が一緒にいて、心からホッとできる人だ。自分の人生の調子のよいときだけでなく、どれだけ失敗してダメになっても、最後まで横にいてくれる人。人生で頑張りつづけるには、そういった人が必要だ」

ハーバード・ケネディスクールの超人気講座の最後で、そんなメッセージを聞くのは意外だった。

だが、真実をついていると思った。

僕の場合は、妻がサンクチュアリだ。頑張りつづけられているのは、あたたかく見守ってくれる彼女の存在が大きい。

「自分は自立している」と思っても、そのサンクチュアリの存在がないと、夢に向かって継続的に生きることが僕にはできない。すると結局、幸せにはなれない。

人生には「変えるべきもの」と「守るべきもの」がある。

大事な選択をするとき、それらを混同してはいけない。

夢をかなえるために「変えるべきもの」は、ほとんどの場合は自分の弱さやあまさ、そしてマインドセット。夢のために生きて、それが実現できても、「守るべき」大切なサンクチュアリを失っていては、幸せにはなれない。こう考えるように僕はなった。


なにが大切かは、人によって異なる。

ただ多くの人は、自分の夢に向かって生きていく上で、サンクチュアリを大事にすることも戦略に入れておく必要があるだろう。

Leadership

5

リーダーシップ

「リーダーシップとは、自分が愛する組織や社会をよりよくするために必要なアクションである」

これが、僕の定義だ。

日本では「首相」や「社長」など、リーダーの〝ポジション〟にいる人たちにリーダーシップを求める傾向にある。そして物事がうまくいかないとき、そういったポジションにいる人への批判で終わりがちだ。

だが残念ながら、トップがいつも正しい判断をするとはかぎらない。とくに内外の環境の変化によって、未経験の対応がせまられるときはそう。

では、トップが間違った判断をして、自分がいるチームや組織、社会がそのままでは沈んでいくとき、僕たちはどうすればよいか。

そのとき、発揮しなければいけないのが**「下から」、もしくは「中間層」からのリーダーシップだ。**

この章では、国境なき医師団での僕の「上から下へのリーダーシップの成功経験」と、「下から上へのリーダーシップの失敗経験」について、分析する。

使用する理論は、ハーバード・ケネディスクールのアダプティブ・リーダーシップ論の大家であるハイフェッツ教授の理論。僕が42歳でMPAを取るために留学し、もっとも影響を受けた授業だ。ここでの考察は、どの組織のどのポジションで働いている人にもあてはまるだろう。

自分が愛する社会や組織をよりよくするために、だれにとっても必要不可欠なアクションになるリーダーシップ。命の使い方を考え抜くこの本として、本章で深掘りしたい。

「アダプティブ・リーダーシップ論」とは

リーダーシップはポジションではない。アクションだ

世界のすべての問題は２種類に分けられる

「リーダーシップは、ポジションではない。アクションである」

これは、ハーバード・ケネディスクールで人気№１のアダプティブ・リーダーシップ論の大家、ハイフェッツ教授の言葉だ。これを聞いたとき、自分の求めているリーダーシップ論にやっと出会えたと思った。

教授によるとこの世界の問題はすべて、次の２種類に分けられる。

1、技術的な問題
2、適応が必要な問題

技術的な問題とは、解決策が明確であり、トップのポジションにいる人がそれを把握している場合だ。自分やチームの知識やスキル、経験などから既存の手段を使ってトップの人が解決できるケースがこれにあたる。

適応が必要な問題とは、内外の環境の変化のために新たな手段が求められ、組織や人に「適応」と「そのための学び」が要求される場合だ。

解決するのは、トップの人間ひとりではなく、問題を抱える人たち自身だ。つまり、組織や人が自ら変わっていかなければいけない。

現在の世の中はこの適応が必要な問題の場合が多く、ハイフェッツ教授の理論が世の中に広く求められていると僕は考えている。

それまで僕は、リーダーシップとはなにかについて、我流で探求を長年していた。
たとえば、次のような問いをもっていた。

優れたリーダーというのは、どういう人のことをいうのだろう？

①非常に仕事ができるが、めちゃくちゃ厳しい上司
②めちゃくちゃ話しやすいが、まったく仕事ができない上司

サラリーマン時代の僕の営業のチームには、①も②も両方のタイプの上司がいた。

この二択なら、優れたリーダーは①だろう。

だが、その上司の下で働く部下が精神的に疲弊しきっていたらどうだろう？

数字としての結果は出ていても、それは部下の自己犠牲によって成り立っているとしたらどうだろうか。あるいは、部下が上司に自分の意見を言える心理的な安全性がない場合、そのチームは本当にベストなパフォーマンスを出せているだろうか。

まずは部下のやり方を聞いてみる、をやっていたけれど——

国境なき医師団に入って3年後、僕は前線のプロジェクトのマネジメントを任せてもらう「プロジェクト責任者」になった。

さらにその4年後には派遣先の国のすべてのプロジェクトを指揮する、現地の「活動責任者」になる。日本人初だった。

人道援助の現場では、そのころになるともうベテランだ。だいたいのことは経験済みで、対応策もわかっている。

だが僕は、問題の解決策を自分がもっていてもそれを押しつけるのではなく、**まずは部下の意見を聞いてみるやり方をいつもしていた。**

たとえば、問題のあるスタッフを抱えるチームのマネージャーがそのスタッフをクビにするかどうか迷っているとき、僕は必ずこう聞いた。

「So, what do you think?（それで、あなたはどう思うの？）」

こちらが部下に期待するのは、単に問題を報告し、解決策を僕に聞いてくることではない。してほしいのは、**問題の原因を分析して複数の解決策を自分で考え、提案をしてくれること**。その上で、メリットとデメリットを考えて自分ならどのオプションがよいかをきちんと理由をつけて説明してくれると、なおよい。

意見が一致する場合はすぐに承認し、そうでない場合でも、部下の考えの方が優れている場合はそちらを支持して、それに見合った評価をするようにした。

「大事なのは、より合理的な解決策を探ること。責任者の僕の考えがいつも正しいとは限らない。だから、あなたの意見を僕は聞きたいんだ」

そう伝えることで部下のモチベーションは上がり、「シンジローは自分の意見を聞いてくれる、Good Listener（聞き上手）だ」という評判が広まった。

だが、そんなスタイルが通用しない、難題に出くわしたことがある。

「第二次世界大戦後、最悪の人道危機」となったシリア内戦。その内戦の最激戦地のひとつになった、アレッポでの出来事だ。

人道援助のジレンマ。砲弾をどう乗り切ったのか？

紛争地でリーダーを務めるということ

シリア政府軍からの砲弾！チームに恐怖が広がる

2012年。トルコとシリアの国境沿いにある小さな村。

国境なき医師団の僕のチームは、反政府側の地域にあるその村の小学校の校舎と運動場を借りて病院をつくった。

内戦がはじまってまだ2年目。だが現地の多くの医療施設は、砲撃などで負傷した人たちの外科手術の対応にばかり追われていた。

戦争や紛争の被害者というのは、空爆などで緊急の手術が必要な患者だけではない。

女性や子ども、お年寄りなど医療が必要な人たちはいくらでもいる。

そこで僕たちは、救急処置室や手術室など以外に、内科、産婦人科、入院病棟、そして子どもの予防接種もできる病院をつくった。

幅広いニーズに対応できるという評判は広まり、すぐにアレッポ県北部にある約30の村や町から患者がたくさん来るようになった。

ただ、いい時期は長くは続かなかった。

翌年の1月、病院がある村を取り囲むように1発、2発とシリア政府軍からの砲撃が着弾するようになった。

1週間に約1回、近くに砲撃を受けながらの医療活動。夜中に1キロメートルほどの距離に着弾すると、日常の生活では聞いたことがない衝撃音。見たことがない閃光《せんこう》が走る。

そんな砲撃が何週間も続くと、しだいにチームに恐怖感が出はじめた。

当然だ。国境なき医師団といっても、プロジェクトの約4割は政情が安定した国での仕事だ。残りの約6割が紛争地などの政情が不安定な国や地域だが、それでも銃撃戦に巻き込まれないようにすればよいレベル。

シリアの内戦のように、砲撃や空爆がある本当の戦地で働くのは、多くの海外派遣スタッフにとってはじめてだった。

問題は、シリア政府軍の狙いがなにかがわからなかったこと。

この村には反政府軍の拠点はない。だとすると、国境なき医師団の病院への攻撃か。あるいは、近くにある検問所が標的か。それとも、国境付近にある国内避難民のためのキャンプを狙っているのか——。

現地スタッフの中には「これはアレッポから出ていけという、国境なき医師団に向けたシリア政府からのメッセージだ」と言う人もいた。事実、この砲撃がはじまったのは、シリア政府軍の民間人への空爆を非難する僕のインタビューが『The New York Times』に出た直後からだった。


国境なき医師団がいる村から半径1キロメートルほどで取り囲むように5発が着弾していることを考えると、その可能性は否定できなかった。

いずれにしても、政府側とのネットワークを通じてのシリア軍への抗議には、期待できなかった。そもそも反政府側がコントロールしている地域で活動していることに、シリア政府は許可を出していなかったからだ。

このままいくと、いつか病院に命中する――。そんな空気がチームを支配した。**僕は現地の活動責任者として、決めなければいけなかった。**

最悪、だれかの死につながる究極の選択でのジレンマ

①この病院を閉鎖してプロジェクトを終了させる

②この病院でこのまま、医療を届けるための人道援助の活動を続ける

違う場所への移転も考えたが、もし砲撃の狙いが僕たちの病院なら移転先でもリスクはつきまとう。

選択肢はこの2つしかないように思えた。

一番楽なのは、病院の閉鎖だ。これ以上、スタッフに危険がおよばずにすむ。

でもそうすると、国境なき医師団の病院を命綱にしている約30の村や町にいる20万人の人たちはどうするのか。近くに女性や子どもを診《み》る病院は他にはない。僕たちが去ると、あの人たちはどうなるのか――。

では、このまま医療活動を続ければよいだろうか。

それは危険だ。国境なき医師団はスタッフの安全管理に責任がある。彼ら一人ひとりに家族がいることも考えると、その選択肢もなかなか取れなかった。

つまりどちらを選んでも、最悪の場合、だれかの死につながるという究極の選択をしなければいけないジレンマに陥ったのだ。

僕は、悩みに悩んだ。

あまりに悩んでいるのを見かねたのだろう。ある日、僕の部下だったイギリス人のコーディネーターが、シリアから電話をかけてきた。

トルコ側の町で昼食をとりオフィスに戻ろうとしていた僕は、歩きながら携帯電話に出た。
「シンジロー、どうすればいいか、いますごく悩んでいるだろ。もしシンジローがこの病院を閉鎖すると言えば、チームのみんなはそれに従う。でも、もしシンジローがこのまま続けるって言うのであれば、それにもみんな従う。どうしてかというと、みんなシンジローのことを信頼しているから。だから、シンジローが決めていい」

この言葉を聞いたとき、その場にしゃがみこんでしまった。

「信頼されてうれしい」という感情は一切なく、「コイツ、なんてことを言ってくるんだ」と思ったからだ。

紛争地でリーダーとして仕事をする、その責任の重さ。それがはじめて、両肩に重くのしかかった瞬間だった。

どちらを選択するにしても、深刻な事態に陥る可能性があるなかで、決断しなければいけない。僕は道端にしゃがんだまま、その場からしばらく動けなかった。

第3の選択肢「HESCO」の採用

最終的には閉鎖でも続行でもなく、第3の選択肢を取ることにした。

それは、3週間だけ病院を閉鎖すること。その間に、軍隊が戦場で使うHESCOという大きな土嚢《どのう》のかべで病院の敷地と建物を取り囲む工事をすることだった。

これは、チームでアイデアを出して解決策を探る会議を行ったときに、財務責任者から出てきた案だった。

彼の兄はスペインの軍隊にいる。その兄に彼が戦地で砲撃から基地を守るにはどんな手法があるのかを尋ねたところ、「HESCOだ。HESCOを使えばいい」と言われたという。財務担当からそのような案が出てくるのが意外だったが、やはり聞いてみるものだ。

国境なき医師団が、病院を守るためとはいえ軍隊の手法を使う——。奇抜なアイデアのようにも思えたが、この状況ではやってみる価値はある。すぐにヨーロッパにある統括部門に相談して同意を得て、緊急の予算をとりつけた。

そして3週間だけ病院を閉鎖し、その間はスタッフに別の地域の病院の手伝いに行ってもらった。ショベルカーとトラックを何台も動員した大規模な工事は、村の人たちが総出で手伝ってくれた。約束どおり3週間が経つと、見事に高さ5メートル、厚さ2メートルの土のかべに囲まれた要塞のような病院に生まれ変わった。

これでこのかべの外側の15メートル以上離れた地点に砲撃で着弾した場合、内側にいるスタッフや患者は助かる。


だが、リスクは残った——。

病院の真上から砲弾が直撃した場合は、防ぎようがない。

その点はスタッフ全員に、しっかりと伝えることにした。ある日の夕方、校庭に現地スタッフ96人、海外派遣スタッフ13人に集まってもらい、説明をした。

「見てほしい。ここまでできた。本当にありがとう。これで砲撃からのリスクをかなり下げることができる。ほとんどの場合、病院の敷地の中にいる人は安全だ。みんなの協力のおかげだ」

「でも——リスクはゼロにはできなかった。リスクはどうしても残る。砲弾が真上から直撃した場合、防ぎようがない。もし、不安に思う人がいるなら辞めてもらっても大丈夫です。このかべが、我々の安全を完全に保障するものでないことは認めます。だから強制はしません。大事なことなので自分でよく考えて、あとで教えてほしい」

みんな真剣なまなざしでこちらを見て、話を聞いてくれた。

後日、何人かと手分けをしてスタッフとひとりずつ面談をしていった。僕は、スタッフの3割ぐらいは辞めるかもしれないと覚悟していた。

ところが、だ。現地スタッフ96人、全員が残ると言ってくれた。「自分はもっと前線に近いところに住んでいるので、こんな砲撃はよくあるんです」「ここまでしてくれてありがとう。感謝しています」と言ってくれるスタッフが多かった。

海外からのスタッフも、「このかべを見て安心した。リスクはかなり下がったと思う」と言って全員が残った。

僕は彼らに救われ、プロジェクトは存続の危機を乗り越えることができたのだ。

成功要因をアダプティブ・リーダーシップ論で分析する

のちにハーバード・ケネディスクールで学んだハイフェッツ教授のアダプティブ・リーダーシップ論でいうと、このケースの成功要因は次のようになる。

1、組織の「目的」がチームメンバーの全員に共有され、各自がコミットしていた

国境なき医師団のアレッポのプロジェクトには、「シリア内戦の被害者に医療・人道援助を届ける」という大きな目的があった。「自分たちのコミュニティのために」という現地スタッフ。そして「世界で最悪の人道危機に瀕《ひん》している人たちのために」という海外から派遣されてきたスタッフ。

彼らは国籍や民族、話す言語、信仰する宗教がまったく異なる。だが、国境なき医師団というひとつの旗の下で、共通の目的に全員がコミットしているチームだった。

2、メンバーとの信頼関係が構築されていた

当時、現地スタッフから「内戦下でアレッポのプロジェクトを立ち上げた国境なき医師団の責任者」として僕には絶対の信頼があった。またイギリス人のコーディネーターからの電話にあるように、チームでカギとなる人物からも信頼されていた。

じつはそのコーディネーターの彼と僕は同期で、共にスーダンのダルフール地方で働いた間柄。先に僕が活動責任者になって上司と部下の関係になり、嫉妬しているのではと心配していた。

ところが、そんなことはまったくなかった。

ある日、援助物資の倉庫のかわりに使っていた小学校の屋上で2人きりで何時間も話をした。日が沈んだあと、屋上から南側を見るとシリアのアレッポでは真っ暗な世界が広がる。電気の供給がなく、夜は空爆の標的にならないように、どの家もろうそくの明かりさえ外にもらさないようにしているためだ。それは、空と地上の境目がまったくわからない、漆黒の世界だった。

振り返って北の方角を見ると、トルコの街にはたくさん明かりがついていて、まさしく平和そのものだった。

国境を隔てて数キロメートルしか離れていないのに、この天と地ほどの差。まるで違う2つの世界の境目に、僕たちはいた。その場で彼への信頼を僕は言葉にして伝え、彼も僕に伝えてくれた。こんな状況では心をひとつにしてやっていくしかないと、お互いによくわかっていたのだ。

このように組織の目的が共有され、信頼関係が構築されていたからこそ、この困難を乗り越えることができたといえる。

みなさんの組織では、どうだろうか。

組織のゴール＝目的は、本当にチームと共有されているだろうか。そして各自がそれにコミットしているだろうか。日本人しかいないチームでも、これが意外にむずかしいのではないだろうか。ゴールはなんとなくわかっていても、それが日常の仕事とつながり、我が事にできているスタッフはどれだけいるだろうか。

また、信頼関係はどうだろう。仕事の成果をアピールすることはもちろん大事だが、日ごろからコミュニケーションは取れているだろうか。

期待や不満も含め、思っていることを本当にお互いが把握しているだろうか。そもそも、そういったことを言いあえる**心理的な安全性は、担保されているだろうか。**

これらが、ハイフェッツ教授のアダプティブ・リーダーシップ論の「上から下へのリーダーシップ」を発揮する際に重要な点だ。

強い組織やチームをつくっていくには、必ずあてはまる原則だろう。

次に、**「下から」もしくは「中間層から」発揮するべきリーダーシップについて考えたい。**じつはそれこそが、ハイフェッツ教授のアダプティブ・リーダーシップ論の醍《だい》醐《ご》味なのだ。

ハーバードで学んだ「下から上へのリーダーシップ」とは？

失敗の原因から紹介する「アダプティブ・リーダーシップ論」

医療施設への攻撃をなんとかしたい

僕は、悩まされていた。

どの部分を改善したかったのかは後述するが、**国境なき医師団を変えようとしたのに、失敗に終わったからだ**。そんなときに留学先で出会ったのが「リーダーシップはポジションではない。アクションである」という言葉だった。長年求めていたリーダーシップの定義に、40歳を過ぎてようやく出会えた気がしたのだ。

僕が42歳でハーバード・ケネディスクールに留学した動機は明快だった。

「紛争地で援助が必要な人たちの医療へのアクセスを増加させるために、政治に変化を促すためのアドボカシー戦略を練る。それを練った上で、実際にその戦略を実現していけるリーダーシップを身につける」

こう考えるにいたったのには、国境なき医師団の現場での葛藤とリーダーシップの失敗経験がある。

現場での葛藤というのは、紛争地での医療への攻撃に対してだ。

国際人道法では、紛争下での一般市民や病院への攻撃を禁じている。しかし、現実の紛争はまったく違った。

シリアの内戦では、戦闘員と武力をもたない一般市民とが区別されなかった。反政府側がコントロールしている地域では、人口が密集している市街地で、無差別に〝たる爆弾〟が政府軍のヘリコプターから投下されていった。

僕がいた2012年から2015年初頭、状況は悪化する一方だった。だがとくに2015年後半にロシアがシリア政府の正式な要請を受けて内戦に参加してから、医療への攻撃の頻度が急上昇する。

たとえば、反政府側の地域で国境なき医師団が物資を提供した現地の施設のうち63の病院は、1年間で94回空爆や砲撃にあった。それにより、医療スタッフの死傷者の数は80人を超え、12の病院が全壊した。

なかには一度空爆をしたあと、救出のために人が集まってから戦闘機が引き返し、二度目の空爆をするケースもあった。軍が意図的な攻撃をしないと、こうはならない。

WHO（世界保健機関）によると、シリア内戦の10年間で反政府側がコントロールしていた地域にある医療施設の多くが攻撃の被害にあった。アメリカの人道援助団体の調べでは、これまでに約600回の医療施設への攻撃が確認され、そのうちの9割はシリア政府軍かロシア軍によるものだ。

人々のライフラインである病院を攻撃することで反政府側の勢力を弱らせるという、軍事作戦の一環といえる。

医療施設への攻撃は、なにが問題か。

それは、そこで働いている医療スタッフや患者が被害にあうというだけではない。

一番の問題は、その病院を命綱にしている現地の何万人という人たちから、医療へのアクセスを奪うことだ。

医療へのアクセスは紛争地でこそ大事なのだが、それが絶たれる。結果として、女性や子どもを多く含む数えきれないほどの助かるはずの命が助からなくなっていく。

それを僕たちは、何度も目の当たりにしていた。

組織を内部から変える働きかけの失敗

「医療は命がけの仕事であってはならない。患者は病床で攻撃されてはならない」

2016年5月、国境なき医師団の当時のジョアンヌ・リュー会長は国連安全保障理事会で演説をした。

このとき協議された安保理決議第2286号は、シリア関連ではめずらしくロシアと中国も賛成にまわり、**全会一致で可決された。**

紛争地での医療施設や医療スタッフへの攻撃を強く非難する決議だった。

現場の僕たちには、希望の光がさしたように感じた。

ところがその後、状況はまったく改善しなかった。

シリアだけでなく、イエメンでもリビアでも、現地の医療施設の5割以上が攻撃されて国の医療の半分が崩壊していった。

それなのに、**国境なき医師団はこのテーマでの国連での外交的な活動を組織の優先順位から外してしまった。**肝心の紛争当事者の国家間で、決議を履行するコミットメントがまったく見られない状況が続いたのが原因のひとつだった。

「おかしいじゃないか」

人道援助を現場で率いていた僕や一部のメンバーは、ヨーロッパ統括部門のトップにいる人たちがくだした決定に対して大きな疑問をもった。

そこで始めたのが、組織の内部での働きかけだ。

国際的なアドボカシー活動を再び活性化してもらうため、内側から組織を変えていこうとした。

そのために、自分たちで部会を立ち上げ、勉強会の開催などをしていた。

国境なき医師団は、人道援助という共通の目的をもった人たちが世界各地から自発的に集まる組織である。それをアソシエーションと呼んでいる。

市民運動の考えからディスカッションを大事にする文化があり、下意上達で変化を起こすことも可能だ。

年に一度の総会では、団体の今後の方向性を決める大切な申し立てが各国のアソシエーションから出される。それを代表者たちが議論して、最後は賛成か反対かの決定を投票で行うのだ。

僕たちの部会は、このシステムを利用して一気に組織を変えようとした。

そのため、総会に代表者を送れる24のアソシエーションのうち、自分たちが組みやすいところだけと話を進めた。

その方が、途中で余計な抵抗にあわないと思ったからだ。

総会の当日まで申し立ての文言を何度も変更し、練りに練った演説で、僕はこう述べた。

「いまも紛争地では、医療への攻撃が続いています。これは単に病院への空爆ではありません。これは、我々が大切にしている医療倫理や人道主義そのものへの攻撃といえるのではないでしょうか。紛争地で援助が必要な人たちの医療へのアクセスを保護するために、世界中の事務局が政治にチェンジを促す取り組みを再開すべきです」

出席者の大半を占める医師たちの心に訴えたこのスピーチは、好評だった。僕たちの部会が提出したその申し立ては、満場一致で可決。僕も鼻が高かった。

だが、できたのはそこまで。

その後、僕たちは組織を変えることはできなかった。

失敗要因をアダプティブ・リーダーシップ論で分析する

なぜだろうか——。

この失敗経験の理由をハイフェッツ教授のアダプティブ・リーダーシップ論を使っ

て考察すると、次の2つに集約できる。

1、トップのポジションにいる人たちに適切な働きかけをしなかった

国境なき医師団には、ヨーロッパに5つ統括部門がある。
そのトップにいる人たちに直接訴えることはせず、総会というシステムだけを使って組織を変えようとしたことに無理があった。

ハイフェッツ教授は、「下からのリーダーシップ」では、トップにいる人たちとどのように関わっていくのかが大切だと説く。

まず、トップには彼らの視座からしか見えていないものがあることを理解する必要がある。下にいる自分たちが把握しきれていない、多くの優先事項を抱えている場合があるからだ。

たとえば、国境なき医師団が国際政治に変化を促すアドボカシー活動に本格的に乗り出すには、政治に深く、そして長く関わる必要がある。
だが毎年、世界各地で新たな紛争が勃発して疫病が発生するなど、緊急事態が続くなかでは、そんな時間や人的余裕はなかなかない。

また紛争下での医療への攻撃の背景はそれぞれ異なり、国連での外交よりも各国の紛争当事者に直接交渉をする方がよい場合もある。

そういった事情は、組織のトップと直接話をしないとわからないものだ。


だからトップとの関わり方が大事になる。

それも次のように、消極的なものから積極的なものまでさまざまなモードがある。

・服従する（言いなりになる）
・傍観する
・リスペクトして共に行動する
・疑問を投げかける
・提案をする
・交渉する
・反対派として行動する

・あきらめる
・組織を辞める

これらの関わり方の種類でいうと、僕は直接彼らに「疑問を投げかける」「提案をする」「交渉する」といった過程をすっ飛ばしていた。

トップからみると、突然に現状への「反対派として行動」を取った人物と映っただろう。なぜそのような選択をしてしまったのだろうか。

言い訳になるが、自分に自信がなかったのだ。

現場の責任者とはいえ、組織全体ではまだ中間管理職だった僕はトップと直接対峙《たいじ》をすることに恐れがあり避けてしまっていた。それでは、本当に組織は変えられない。

2、学習環境を醸成して、サポートしてくれる人を増やすことに時間をかけなかった

あまりにプロセスを急ぎすぎた面もある。

本来ならもっと時間をかけて各国のアソシエーションで部会を次々に立ち上げ、同じ志の人たちを増やしていくべきだった。

実際に、1年以上時間をかけてした方がよいとアドバイスしてくれる組織の事情通もいた。だが僕は、数か月後にせまった総会の日程を目の前のカレンダーで逆算しながら事を進めてしまったのだ。

それでは、トップに影響力のある人たちを十分な数だけ味方に引き込む環境はつくりきれない。

これらの理由で、僕は「下からのリーダーシップ」に失敗をした。

だから、ハーバード・ケネディスクールに留学することを決めたのだ。

国際政治の現実の下で、どうしたら国境なき医師団のような人道援助団体が医療への攻撃を削減できるのか——。**そのアドボカシー戦略を練るだけでなく、自分のリーダーシップをさらに強化するために。**そこで出会ったのが、ハイフェッツ教授だった。

これからの時代、自分がいる組織やチーム、社会のトップがいつも正しく判断できるとはかぎらない。環境の変化に適応できず、自分が愛してやまない組織や社会がいままでのやり方では解決できない問題に直面するとき、僕たちはどうするか。

「リーダーシップはポジションではない。アクションだ」

あなたが「上から」だけでなく「下から」もしくは「中間層から」どうリーダーシップを発揮するべきかを考えるとき、この章を参考にしてほしい。

自分が人生をかけて生きていく場所をよりよいものにするために。自分のためなどではなく、もっとかけがえのない大切なもののために。

そしてリスクをとって行動を起こすからには、必ず成功してほしい。

Public

6

パブリック

「自分の未来は自分でつくっていくもの」

僕はそう、ずっと考えていた。

いまも、その考えは変わらない。

しかし、いまではそれに加えて、「自分が愛する組織や社会、そして世界の未来は自分たちでつくっていくもの」だという確信がある。


では、どのようにすればそんなことが可能になるか。

この本では、「命の次に大事なこと」として、その命の使い方の6つの大切なポイントを掲げている。

その最後になるこの章で、「パブリック」に対する考え方を取り上げ、**思い切って「世界をよくする方法」を提案したい**。

「世界をよくする方法なんて——。そんなこと、本当にできるの？」という声が聞こえてきそうだ。

それはできると、断言したい。

でもそれには、いくつかの点を知っておく必要がある。

自分の幸せや満足を求めるだけのミーイズムの集合では、「公」が壊れていくばかりだからだ。

僕が修了したハーバード・ケネディスクールの合言葉である、

「What can we do?（僕たちには、なにができるか）」

この問いを心の中にもちながら、この章を読み進めてほしい。

What can we do?

——僕たちには、なにができるか

「日本をよくしたい」「世界をよくしたい」は要注意

個人の幸せの追求にとどまらない夢とは？

大学生のときに就職留年をしてキャリアデザインスクール「我究館」に通っていたころ、「いまの夢一覧」というワークシートがあった。

そこに僕は、思いつくままに自分の思いを箇条書きした。たとえば、

・自分の奥さんを幸せにしてあげたい
・母の人生を「幸せな人生だった」と言えるようにしてあげたい

・父にしっかりと恩返ししたい
・50歳ぐらいで本を書きたい

こんなことを40個以上も一枚の紙に書いていた。彼女もいなかったのに「奥さんを幸せにしてあげたい」とか、妄想癖はそのころからあった。

「自分のことばっかりだな」

そんな僕に痛烈な一言をお見舞いしたのは、このワークシートを読んだ我究館館長の故・杉村さんだった。彼がたったひとつ反応したのが、僕の「本を書きたい」というところ。

「どんな本を書きたいと思ってるんだ？」
「若者を鼓舞できるような本です」
「それだったら、普通の仕事をしない方がいいんじゃないか？」
「そうなんですか？」

別にこの会話があったから、僕は国境なき医師団に入ったわけではない。

もちろん、本をいつか書くために人道援助をやろうと思ったわけでもない。

ただ、いまだからわかるが、**杉村さんが言っていた「心からの夢をもて！」の夢というのは、個人としての幸せの追求にとどまらなかった。**

「よりよい社会とはなんなのか」「どうすればよりよい社会をつくれるのか」というところまで学生たちに考えさせたかった。

そしてその実現のために、夢をもって行動してもらいたかったのだろう。

僕たちはいつの間にか、自分と自分の家族の幸せだけを大事にする生活を送っていないだろうか。さらにそれが生きがいになっていないか。

まずはプロフェッショナルになるのが先

もちろん夢には種類があり、そのどれも否定するものではない。

実際に、**まずは個人としての「Ambition（野望）」が、個の成長には大事だと考えている。**若いのにそれがない人とは、話をしていても正直いってもの足りない。

「日本をよくしたいです」

「世界平和に貢献したいです」

講演をしていると、ときどきそんな純粋な若い人に出会う。

そんな人たちには僕は必ず、こう質問している。

「そんなことよりもまず、あなたはどうなりたいんですか?」


大きな志をもつ人ほど、なにかのプロフェッショナルになる必要があるからだ。

アマチュアでは話にならない。それは営業でも人道援助でも同じ。

ましてや「世の中をよくしよう」と思う人は、まずはその人自身に実力がないと、なにも変えられない。だからまずは、プロフェッショナルとしての実績をつくることが大切。「日本」や「世界」がくるのはその後でいい。

そのなかで大事なことがある。それは、「自分はどの分野で活躍したいのか」という問いには、答えをはっきりともっておいた方がよいということ。

流行《はや》りの自己啓発本では、キャリアを考えるときにいろいろなことを提唱している。

たとえば、「自分が興味のある、好きな分野で働く」「自分の強みを活《い》かせる職業につく」など。

どれも大事だ。だが僕は、そこにもうひとつ加えたい。

それは、**「この世の中で自分はどういう人たちに、どんな影響を与えたいのか」**ということ。

僕はスーダンのダルフール地方で、国内避難民の苦しみを実際に自分の目で見たことが大きかった。理論や損得からではなく、彼らのような紛争の被害者に援助を届ける仕事をしていきたいと、強く思うようになった。

どの分野で、どういう人たちに、どんなインパクトを与えたいのか?

「世界の現実を自分で見てみたい」と思って参加した、国境なき医師団。

そこでわかったのは、戦争や紛争の被害者は、銃撃や空爆で負傷した人たちだけではないということ。

戦闘に参加していない女性や子どもたちも、家をなくし、家族を亡くし、それまでの生活をなくした被害者だった。

それは、イラクでもナイジェリアでも南スーダンでも、どこでも同じだった。

「紛争地で援助を必要としている人の医療へのアクセスを増加させる」という究極の夢のために、国境なき医師団という組織で僕は仕事をしている。

大学生のときに描いた、政治家になるという夢はもうなくなった。でもいまでは、それよりも自分が貢献したい人たちに必要なものを届ける仕事ができている。

仕事で落胆したり、疲れたり、悲観的になったりしたときは、紛争地の人道援助の現場で出会った人たちの顔がいつも僕の脳裏に浮かんでくる。

彼らの悲しみや期待を知っていて、彼らのために仕事をしている実感があるからこそ、僕は頑張れる。


あなたはどうだろうか。個人の目標のために生き、家族を幸せにするのはもちろん大事。でも、人生は長い。それ以外にも、なにかできるはずだ。

どの分野で、どういう人たちに、どんなインパクトを与えたいだろうか。

これは限りある命の使い方を考える上で、自分のキャリアをどうするかということよりも、もっと大事な問いではないだろうか。

まずは、自分の仕事を通じて、貢献したいターゲットの人たちを具体的にもつ。

そしてその人たちのために自分が心から頑張れる究極のゴールを自分の夢にすえる。

それには、そのターゲットの人たちと直接的なコミュニケーションが取れる「パーソナルな関係」を築くことが必須だろう。

それができれば、前進しつづけるための力を手に入れられるはずだ。

パブリックへの使命感が凡人を強くする

ハーバードで世界のエリートに向けての即興スピーチ

ハーバード「ビジネススクール」と「ケネディスクール」の違い

ハーバード・ビジネススクールは、ビジネスの分野で新たな価値を創出できるリーダーを育てるところ。そして**ハーバード・ケネディスクールが、パブリックの分野で新たな価値を創出できるリーダーを育てるところ**だといわれている。

ケネディスクールでいうパブリックとは、プライベート（私的）なもの以外のすべてのもの。日本語でいう、「公」だ。

1年間の留学の最初にあるサマースクール。

平均年齢が約40歳のミッドキャリア・コースでは、秋からの本格的なカリキュラムの前に、夏に数学と経済学の勉強をする。

そのサマースクールの最終日。アメリカでは修了式と同じ意味で使われる、〝Commencement(開始)〟と題した式典がはじまった。

まず、学校側の責任者が学生たちにあいさつ。短いスピーチの最後に、こう言った。

「さて、今日の式典はみなさんにこれから自由に時間を過ごしてもらいます。この演壇に出てきてスピーチをしたい人はどうぞ。みなさん自身で、最高の式典にしてください」

そう言い残して、演壇を降りて自分の席に戻ってしまった。

やってくれる。式がはじまって5分。まだ残り時間は1時間25分もあった。あっけにとられる学生たち。ザワつく会場。

すると、あるアメリカ人の学生が突然演壇にのぼった。「ヒーロー現わる!」の大きな拍手と歓声。

小学校の校長先生をしていたという彼は、こういう場でのスピーチになれていて、いいスタートを切ってくれた。彼のあと、次々に学生がひとりずつ演壇にのぼっては、さまざまなスピーチをして会場を沸かせた。

突然のスピーチ、なにを話すか？

これは、マズい——。名誉なことに、僕は「ジョン・F・ケネディフェローシップ」という、授業料の全額奨学金をハーバードからもらっていた。そんな僕が、ここでなにも言わないわけにはいかない。本当はやり過ごしたい。できれば行きたくない。でも時間がまだまだある。

マズいことに紙もペンも持っていなかったので、スピーチの構成を即興で頭の中で練った。最初にこれを言って、2番目にこれを言って——。僕がいつも人前で話すとき、日本語でも考えるやり方だ。

いつ演壇に行くか？　いま行くか？　いや、まだだ。ドキドキした時間が続いた。

緊張してなかなか前に行けない。

するとある学生が、スピーチの最中にいきなり歌い出した。200人の前で壇上から歌を歌う。日本ではなかなかありえない。でもそれがウケた。続く学生たちも自分の国の歌を歌ったり、バク転をしたりで、歓声や爆笑が起き、会場の雰囲気がエンタメ寄りに変わってきた。

そのとき、僕の頭の中に浮かんだのは、イラクやシリア、イエメンなどで一緒に働いたスタッフやお世話になった現地のコミュニティの人たちの顔。

なぜ僕が、留学を決意したか。どんな人たちの思いを背負って、僕はここにいるのか。ここはやはり、一発かまさなければ——。

僕は、前に出るタイミングを見計らった。一瞬、前に出ていく人の流れが止まった瞬間があった。決意して、演壇に向かって歩き出した。

「シンジロー!」「OHH〜!!」

おとなしい日本人が、演壇に向かうのが意外だったのか。

あるいは、僕のガチガチの緊張が伝わったのか。

演壇に立ったとき、会場が静かになった。僕はゆっくりと、話し出した。

「自分は高校時代、数学が大の苦手だった。大学では、経済学部だったのにもかかわらず経済学が苦手。その苦手な2大科目からこのサマースクールがはじまり、結構つらかった」

会場に、ちょっと失笑が起こった。

「でも今日は、僕はここにいられてうれしい。じつは去年、ケネディスクールのキャンパスビジットをしたかったのだけど、アメリカ大使館からビザが下りなかった。アメリカ政府のトランプ政権のテロ対策でレッドゾーンに指定されたイラクやシリア、イエメンなどで仕事をしていたからだと思う。だから、出願しても合格できるかわからないどころか、合格してもビザが下りないのではと、受験準備の間ずっと不安だった。はじめてアメリカの地を踏んだとき、僕はとてもうれしかった」

当たり前の話だが、200人全員がこっちを見ている。彼らは政治家や軍人、官僚、ジャーナリスト、国連職員などだ。

ハーバードに来ているアメリカ人学生を含むそんな世界各国のエリートたちに対し、英語での即興のスピーチ。

僕は、自分の右足がガクガク震えていることに気づいた。そんなことは、生まれてはじめてだった。かっこ悪いので、こぶしをグーにして太ももをたたいて震えをおさえようとしたが、おさまらない。結局、スピーチの最後まで僕の武者震いは続いた。

「みんな、想像してみてほしい。僕らが今日この式典をしているいまこの瞬間も、世界では戦争や紛争が起きている。かつてジョン・F・ケネディは、〝**国があなたのためになにができるかではなく、あなたが国のためになにができるかを問うてほしい**〟と言った。でも世の中には、内戦で自分の国の政府に攻撃されている人たちもいる。シリアや南スーダンなどで暮らしている、そんな一般の市民の気持ちを想像してほしい。もし僕たちが、**本当に世界を変えたいと思うのだったら、そういう人たちの存在を頭に入れながら、ここで学ぶ必要があるのではないか**」

スピーチが終わった。ものすごい拍手が起きた。

自分の席に戻ると、となりのインドネシア人の学生がハイタッチしてくれた。

「彼らのためにやらねば」が勇気をくれた

その日の夜のパーティー。それまで話したことのなかった何人もの学生が、僕に話しかけてくれた。

「感動した」「シンジローの言うとおり」
「国境なき医師団って、本当に尊敬するよ」

僕の英語の発音は、日本語なまりが抜けない。しかも、ゆっくりとしか話せない。でもアメリカには、他の人がしないことをする勇気のある人間には人種を問わずリスペクトする文化があった。

このとき僕が感じたのは、僕のような凡人でもパブリックへの使命感が自分を強くしてくれるということ。

「4　戦略」で述べたように、国境なき医師団の前に勤めていた会社では、まったく英語が話せず僕は社内の外国人から逃げまくっていた。

ましてや英語でスピーチをするなどもってのほか。だが留学中に**僕があのとき前に出ることができたのは、英語力がついていたからではない**。自分のことだけを考えていたら、おとなしく聴衆のひとりとして時間が過ぎるのを安全圏でやり過ごすのが、一番簡単。

でも自分の中の「彼らのためにやらねば」という思いが、僕を前に押し出した。その結果、僕のプレゼンス（存在感）が学生や教授陣に広く認識されたのだ。

自分のために行動する人と、チームや組織のために行動する人とでは、人間としての強さや優しさ、大きさが変わってくる。最近は面接などの際、華やかな経歴の持ち主でも、僕はその点で人を見極めるようになった。

「自分以外のパブリックへの使命感をもつ」

これは単なる交渉やプレゼンなどの「ヒューマンスキル」や「ソフトスキル」をきたえる以上に、隠れた重要な点ではないだろうか。

とくに、限られた自分の命の使い方を考える際には、なおさらだ。

だれかの希望になれるような命の使い方

国境なき医師団の目的から考えるパブリックな夢

本当の成功とは？
成功するための第一条件とは？

あなたにとって「成功」とは、なんだろうか。

事業に成功して、お金持ちになること？

それとも、仕事のプロジェクトがうまくいくこと？

または、組織でなんらかのポジションに就任すること？

それは一時的には、達成感はあるかもしれない。でも本当の意味での成功というのは、その人のゴールによって違うはず。つまり、他の人と比べた場合にどうかとか、周りからの評価ではない。

成功とは、自分の夢が実現したかどうか、ではないだろうか。

そう考えると、ほとんどの人は僕を含め、まだ道半ばであるはずだ。

僕のハーバード・ケネディスクール合格も、国境なき医師団日本の事務局長というポジションへの就任も、それ自体がゴールではない。それらは、「紛争による暴力の犠牲者が医療にアクセスできる環境をつくる」という人生をかけて追いかけたいキャリアゴールへの手段にすぎない。

だが、そんなことは短期間では達成できない。スポーツ選手でもそうだが、だから大きなゴールをもっている人ほど、努力することをやめないのではないだろうか。

さらに、そういったゴール（人生で成し遂げたいこと）をもっているからには、当然いろいろ思い切った行動を取っているはず。

そのプロセスのなかで失敗を経験するからこそ、より謙虚になる。

足りないところを補うために、リスキリング（学び直し）の必要性を自分で認識できるようになる。学びつづける理由は、自分の市場価値を上げるためだけではないはずだ。

失敗の経験がある人は、なにかにトライしてダメだった人。自分でなにか状況を変えようとしたが、うまくいかなかった人。

つまりこういえる——。**ゴールをもっていない人は、思い切った行動を取らない。思い切った行動を取らない人は、失敗を経験できない。だから、自分の改善点を学べない。その結果、成功する確率が低い。**

こう考えると「自分の人生、これができれば本望」と言える自分の夢をもつことが、成功するための第一条件だ。

そして「成功とはなんなのか」という問いの答えは、「自分の人生で、なにを成し遂げたいのか」という問いの中にヒントがあるのだ。

国境なき医師団はなぜ日本に事務局をかまえたのか？

ここに、国境なき医師団日本の事務局長としての夢を語りたい。

国境なき医師団の日本事務局は、フランスで国境なき医師団が生まれた約20年後の1992年に設立された。

ちょうど日本経済のバブルが崩壊したころ。世界第2位の経済国だった当時の日本で、人道援助活動に必要な寄付を募ろうとした動機が背景にあったそうだ。

それから30年あまりが経《た》ち、おかげさまでいまでは日本から毎年、およそ40万人の一般個人の方々と多くの一般法人から寄付を頂いている。

また医師や看護師、そして「ヒト・モノ・カネ」を扱う非医療従事者のスタッフが毎年100人ほど、世界中に派遣されている。

国境なき医師団の憲章は、以下の4つ。

国境なき医師団は苦境にある人びと、天災、人災、武力紛争の被災者に対し人種、宗教、信条、政治的な関わりを超えて差別することなく援助を提供する。

国境なき医師団は普遍的な「医の倫理」と人道援助の名の下に、中立性と不偏性を遵守し完全かつ妨げられることのない自由をもって任務を遂行する。

国境なき医師団のボランティアはその職業倫理を尊び、すべての政治的、経済的、宗教的権力から完全な独立性を保つ。

国境なき医師団のボランティアはその任務の危険を認識し国境なき医師団が提供できる以外には自らに対していかなる補償も求めない。

このような憲章をもつ組織がなぜ、日本に事務局をかまえているのだろうか。

2020年に事務局長に就任してから、僕は改めてこの組織の存在意義を考えるようになった。そしてそれは、単に寄付を集めるためだけではないという結論にいたった。

資金が不足すると医療・人道援助が滞るのはたしかだが、この事務局の役割はそれだけではない。人材の面でも、現場により大きな貢献が求められている。そしてアドボカシーやイノベーションの面でも、日本の事務局として付加価値を創出していく必要がある。

その実現のために事務局が掲げることに決めた組織のミッションは、**「日本の社会で人道援助への支持を拡げ、日本から世界中の活動現場により大きな貢献をしていく」こと。**

ではどうなれば、「日本の社会で人道援助への支持が拡がった」といえるのか。それは、次のような社会をつくること。

- **多くの人が人道援助という仕事にリスペクトをもっている社会**
- **世界の人道的な危機に対し、外交で積極的なリーダーシップを発揮する政府**

・産業界と医療界の多くの事業主が、人道援助に携わる労働者の雇用を守る環境
・多くの若者が人道援助をキャリアの選択肢のひとつとして考える未来

そんな大きな夢を僕たちは見ている。
そのために、長期的なビジョンで日本の社会に戦略的、かつ積極的に関与していく。
それが結果的に、紛争地で援助が必要な人たちの医療へのアクセスの増加につながる。
だから国境なき医師団日本の事務局には、大きな使命があるのだ。そう信じている。

だれかの希望になれるように命を大きく使う

ハーバード・ケネディスクールのジョセフ・ナイ元学長は、かつて修了式の際、伝説のスピーチで学生たちに次のメッセージを伝えたといわれている。

「君たちの全員が大統領や総理大臣になれるわけではない。それでも、君たち全員が世界をよくすることはできる。それは、自分自身が決めた自分の持ち場を少しでも改善すること。そしてその少しの改善を皆が積み重ねつづけること。それが世界をよくする唯一の方法である。諸君、健闘を祈る――」

これは、どの立場にある人にもあてはまるのではないか。

僕の持ち場は、国境なき医師団の日本の事務局の運営だ。それを5パーセントでも改善していく。また事務局スタッフが、自分の持ち場をそれぞれ5パーセントよくしていく。失敗をおそれず、日本の社会と医療・人道援助をつなぐ橋として、大きな成功も小さな成功も分かち合う。事業の数値目標の達成はもちろんだが、大事なのはそんな組織文化をスタッフみんなでつくること。それが、事務局長としての僕の役割だ。

事務局長としての任期が終われば、また世界のどこかで人道援助に携わっているだろう。自分の心からの究極の夢の実現のために。

「You are our hope（あなたたちは、私たちの希望なんだ）」

あの患者さんに、あのときそう言ってもらえたように。

世界のどこかが壊れていたとしても、そこでまただれかの希望になれるように。

あなたは自分の命をどう使いたいだろうか。どの分野でもいい。
「これができれば自分の人生は本望」と言える、心からの究極の夢をもっているだろうか。いま一度、この問いを真剣に考えてみてほしい。

できれば、**個人としての成功よりも、はるかにもっと大切なもののために自分の命を大きく使ってほしい。**

もしかすると、シリアのときの僕のように、世の中の厳しい現実のために自分の夢を捨ててしまいたくなるときがくるかもしれない。
どれだけ頑張っても、心が折れてしまうときがくるかもしれない。

でもそれは、今日ではないはずだ。

自分の命を大きく使う
人生を生きよう

偏差値が低くても世界が終わったわけじゃない

「村田、体育の先生はどうや？　おまえ、運動まぁまぁと違うか？」

「まぁ、まぁまぁですけど……」

高校3年生の冬。センター試験のあとの職員室で、担任の先生と進路相談。自己採点の点数が悪く、出願できそうなのはある地方の大学の体育科ぐらいという結論だった。

しかたなく、実技試験の練習を見てもらうため、体育の先生にお願いをしに行った。情けなかった。僕は、その先生の授業で手を抜きまくっていたからだ。

当時、三重県の僕がいた高校では冬の体育の授業はマラソンだった。それが大嫌いだった。疲れるだけで、勉強に支障を来すじゃないかと文句をつけていた。実際には、勉強はさっぱりダメだったのだが。

最後のマラソン大会。僕はちんたらと走っていた。一生懸命走るやつをバカだと思っていた。だが、あきらかに自分のペースよりもかなり遅いペースで走っていると、半分の距離が過ぎたころ、だんだんそんな自分がイヤになってきた。

「僕は、僕の高校生活はいったいなんなんだ」

そこからおもいっきり全力で残りの距離を走った。

ダメな自分に決別したい一心で、がむしゃらに走った。何人抜いたかわからない。ゴールしたとき、横腹が痛くて泣いていた。

「なにをやっているんだろう――」

そのとき「コラ！　村田！　もっと速く走れたやろ！」と怒ったのが、その体育の先生だった。その先生にいま、本意ではないお願いをしている――。自分が情けなかった。

結局、あとでそのお願いは取り下げた。

大学受験で、まだ考えたこともない将来の職業まで決めたくなかったからだ。


卒業式。僕は、その日だけ早く学校に行った。

ときどき遅刻して授業中に教室に入っていくこともあったのに。その日だけはみんなより早く行った。最後になにか、感じたかった。

志望校に合格した友人たちは、はしゃいでいた。卒業が悲しくて泣いている友人もいた。僕は、そのどちらでもなかった。

僕の高校生活が終わってしまった——。感動とはほど遠い、卒業式だった。


僕がいま、国境なき医師団日本の事務局長として学生向けの講演をよくするのは、そんな経験があったからだ。

偏差値が低くても、世界が終わるわけじゃない。

それどころか社会に出るまでは、これからの大海に出る準備をしているところ。

大学生のときも含め、学生時代の僕が、「国境なき医師団」「ハーバード」と言っても鼻で笑われただろう。でもいまから考えると、可能性はあったのだ。

国境なき医師団パリの統括部門に直談判に行く

それは、社会人になってからも同じ。

20代の後半、もんもんとした毎日が続いた。会社を辞めたものの、何か月が過ぎても、英語力の不足が原因で、国境なき医師団から派遣のオファーがなかったからだ。待てど暮らせど、いつ参加できるか見通しがまったく立たない。このままではらちが明かない。

そこで「ソルボンヌ大学にいる友人に会いにフランスまで行く。ついでにパリの本部も見たい」という方便を思いついた。じつは、そんな友人はいなかったのだが。

あせっていた僕は、日本の国境なき医師団の事務局に伝言を残し、当たって砕けろの精神でパリにある統括部門に直談判《じかだんぱん》に行くことにした。

「他にもオファーを待っている人がたくさんいるのに、なんで君だけに時間を取らないといけないんだ」

結果は、見事に門前払い。「日本からわざわざ来た」と言っても、まったく取り扱ってもらえなかった。

失意のパリ。その日に凱旋門《がいせんもん》の上から見た眺めは、いまもはっきりと覚えている。凱旋門から放射状に走る何本もの道とその先のパリの街並みが、僕にはこれからの自分の人生の大きな別れ道のように見えた。

僕は、いったいどの方向に行くのか。どんな選択をすればいいのか。その先にはどんな未来が待っているのか。

気づけば4時間ほど、日が暮れてもそこで考えていた。

だが、日本への帰国便の機内。不思議なほど僕は燃えていた。

「さあ、面白くなってまいりました」

「ここからどうやって、この状況をひっくり返してやろうか」

そんなことをニヤニヤしながら考えていた。

いま思うと、そんな変人クラスのメンタルがあったのは、当時「理想の政治家になる」という、「心からの究極の夢」があったからだ。

国境なき医師団に入ることは、その夢の実現のために「自分の人生で絶対に必要不可欠なステップ」だと強く信じていた。

だからこそ、門前払いにあっても単に団体を批判して終わるのではなく、

「どうすればこの現状を突破できるのか」

「そのために自分がしなければいけないアクションはなんなのか」

そのことを考えるのに集中できた。

人も夢も成長する

そこから、またアルバイトをしながら、英語の猛勉強をする毎日がはじまった。

「まさかあのときの君が、日本の事務局長になるとは——」

16年後、当時の国境なき医師団の人事担当が言ってくれた言葉だ。

このように、チャレンジは波のように次々と押し寄せてくる。でもだからこそ、面白い。

経験値がどんどん高まり、成長していく。そして人と同じで、夢も成長する。はじめは強いあこがれでも、夢は近づくにつれて具体化し、キャリアゴールになっていく。

日本のような国に生まれ、夢をもたない、追いかけないのはモッタイナイ。

この本を読んでくれたあなたには「自分の人生、これができれば本望」といえるだけの夢をもってほしい。

そして個人としての成功よりもはるかにもっと大切なもののために、自分の命を大きく使ってほしいと心から願っている。

あなたが国境なき医師団と共にできること

今日も政情不安定な国々では紛争が頻発し、難民や国内避難民など暴力の犠牲者は増える一方だ。

この本を読んで、紛争地などで人道援助が必要な人たちのためになにかしてあげたいと思った人がいるかもしれない。

そんな善意ある人たちにお伝えしたい点のひとつは、民間からの寄付がもつ意味だ。

人種や宗教、政治的な信条などで差別することなく、本当に援助を求めている人たちに必要な援助を届けるには、**人道援助は資金面で政治から独立していなければならない。**

大きな政府から多額の資金の援助を受け取れば、もっと多くの医薬品が購入でき、もっと多くのベッド数がある病院を運営できるかもしれない。

しかしその資金には、必ずヒモがつく。さまざまな政治的な理由で、「あの国では援助活動をしてもよいが、この国ではダメ。この国のあちらの地域では活動してよいが、こちらではダメ」というように。それでは、本当に援助が必要な人たちに適切な医療を提供できない。

だから**国境なき医師団の収入の9割以上は、民間からの寄付で占められている。**これが一番の強みであり、特徴だ。

またお伝えしたいもうひとつの点は、人道援助の現場でも多様性が必要とされていること。日本からは年間で100人ほどの医療スタッフと「ヒト・モノ・カネ」を担当する非医療スタッフが派遣されている。

だがこれは、国境なき医師団の全体の海外派遣スタッフの1・5パーセントほどにすぎない。もともとヨーロッパ中心の文化の組織だが、アジアからもっと人材が求められている。

多国籍・多文化の彼らは、自分がもっている自由を人間の尊厳がおびやかされている人たちのために使いたいと希望して、この仕事を選択した。

人道的な行為は、こういうことだ。**一人ひとりが、民族や宗教の違いを超えて危機的な状況にいる人たちに対して手を差し伸べるということ。**それが包帯の一巻きとなり、ワクチンの一接種となり、縫合の一針となって届けられる。

もちろん事務局のスタッフやイベントのボランティアも、随時募集している。この本を読んで国境なき医師団と共に行動してくれる人や、寄付というかたちで「独立・

中立・公平」の活動をサポートしていただける人が増えると著者としてうれしい。

最後に、感謝を申し上げます。

「これが書ければ本望」といえるタイトルと本の企画・編集を担当していただいたサンマーク出版の金子尚美編集長。そして導いてくださったブックオリティの高橋朋宏学長、平城好誠ディレクター。

ハーバード・ケネディスクールのロナルド・A・ハイフェッツ教授とその理論を日本で広めている吉田和生さん。

文章力を鍛えていただいたウゴカスの佐々木圭一さん。

我究館で指導していただいた故・杉村太郎館長と杉村貴子代表。

旧サン・マイクロシステムズで仕事への責任感を植えつけていただいた市川克彦さんと、退職後も温かく見守っていただいた故・瀧澤浩さん。

そしてなにより、国境なき医師団の現場で出会ったすべての人たちと日本事務局のスタッフのみなさん、いつも支えてくれている僕の奥様。

そして、ここまで読んでくださったみなさんに感謝を申し上げます。

一冊の本が読者に与える力。

僕はこれを信じて、書いてきた。

この本を手に取ってくださったすべてのみなさんの1年後、10年後、20年後を心から楽しみにしています。最高の未来をお互いつくっていきましょう。

2023年8月15日

(78回目の終戦記念日に、国境なき医師団日本事務局のオフィスにて)

村田　慎二郎

本書における記述は著者個人の見解に基づくものであり、国境なき医師団の組織としての正式な立場を説明するものではありません。

村田慎二郎（むらた・しんじろう）

国境なき医師団日本 事務局長。1977年、三重県出身。

静岡大学を卒業後、就職留年を経て、外資系IT企業での営業職に就職。「世界の現実を自分の目で見てみたい」と考え、国境なき医師団を目指すも英語力がゼロのため二度入団試験に落ちる。

2005年に国境なき医師団に参加。現地の医療活動を支える物資輸送や水の確保などを行うロジスティシャンや事務職であるアドミニストレーターとして経験を積む。2012年、派遣国の全プロジェクトを指揮する「活動責任者」に日本人で初めて任命される。援助活動に関する国レベルでの交渉などに従事する。以来のべ10年以上を派遣地で過ごし、とくにシリア、南スーダン、イエメンなどの紛争地での活動が長い。

2019年より、ハーバード・ケネディスクールに留学。授業料の全額奨学金を獲得し、行政学修士（Master in Public Administration=MPA）を取得。

2020年、日本人初、国境なき医師団の事務局長に就任。現在、長期的な観点から事業戦略の見直しと組織開発に取り組む。また、学生や社会人向けのライフデザインのメッセージを取り入れた講演も行っている。NHK総合「クローズアップ現代」「ニュース　地球まるわかり」、日本経済新聞「私のリーダー論」などメディア出演多数。

国境なき医師団 日本　　https://www.msf.or.jp/

上記公式ウェブサイト（メルマガ登録はここでできます）、フェイスブック、X（旧ツイッター）、LINE、インスタグラム、YouTubeチャンネルで最新の活動をご覧いただけます。

JASRAC 出 2306382-301

「国境なき医師団」の僕が
世界一過酷な場所で見つけた命の次に大事なこと

2023年10月20日　初版発行
2023年11月20日　第2刷発行

著　者　村田慎二郎
発行人　黒川精一
発行所　株式会社サンマーク出版
〒169-0074 東京都新宿区北新宿2-21-1
電話　03-5348-7800
印　刷　株式会社暁印刷
製　本　株式会社村上製本所

ISBN978-4-7631-4084-5 C0030
定価はカバー、帯に表示してあります。落丁、乱丁本はお取り替えいたします。
ホームページ　https://www.sunmark.co.jp